DE L'ORGANISATION

DE

L'ENSEIGNEMENT AGRICOLE

En France.

Tous les enseignements sont organisés en France, excepté le plus important de tous, celui de l'Agriculture. Attendrons-nous des années plus calamiteuses de disette, des causes plus actives d'épuisement de nos finances pour réparer ce funeste oubli ?

PAR J.-A. FABRE,

Membre de la Société d'agriculture, sciences et arts d'Agen, membre correspondant de la Société royale et centrale d'agriculture de Paris, de l'Académie royale des sciences de Bordeaux, de l'Académie de Médecine de Paris, etc.

PRIX : 1 FRANC.

PARIS,

A LA LIBRAIRIE AGRICOLE DE DUSACQ, RUE JACOB, 26.

A LA LIBRAIRIE AGRICOLE DE Mme Ve HUZARD,
Rue de l'Éperon, 7.

A LA LIBRAIRIE ÉCONOMIQUE DE GUILLAUMIN,
Rue Richelieu, 14.

1847.

TABLE ANALYTIQUE DE L'OUVRAGE.

Pétition aux chambres, p. 3 et 4.

Préambule. — But de l'auteur. — Division, p. 5.

PREMIÈRE PARTIE.

Importance de l'agriculture et son oubli dans l'enseignement, p. 6.

L'école primaire et l'émigration des campagnes. — La centralisation des populations dans les villes. — Encombrement des ateliers d'ouvriers. — Désœuvrement. — Misère. — Emeutes. — Démoralisation, etc., p. 7 et 8.

Le collége et la désertion de l'agriculture par les intelligences. — Sa déconsidération. — Trop plein dans toutes les professions libérales et les administrations publiques. — Défaut d'équilibre social. — Conséquences funestes pour l'ordre et la sécurité publiques, p. 10.

Le défaut d'instruction agricole et les grands travaux publics. — Les créations nouvelles de places. — Les augmentations de traitements. — La progression croissante des bugdets. — L'embarras de nos finances. — La corruption électorale, p. 11 et 12.

Oubli de l'agriculture au conseil royal de l'instruction publique, p. 12.

L'enseignement supérieur et scientifique de l'agriculture n'existe nulle part, p. 13.

Bilan de l'enseignement agricole. — Son état illusoire, p. 13 et 14.

Indifférence pour l'agriculture. — Tableau exact du déplorable état de son enseignement, p. 15.

L'absence d'instruction agricole et ses conséquences. — Sur l'action des comices. — Sur les délibérations législatives. — Sur les administrations communales. — Sur la haute administration de l'agriculture. — Sur l'infériorité relative de nos produits. — Sur la rareté des subsistantes, p. 16 et 17.

Insuffisance énorme de nos produits. - Importations considérables de l'étranger. — Détails statistiques comparés de notre production agricole, p. 18 et 19.

Efforts incomplets faits par le gouvernement, p. 20.

La science agricole et les autres sciences, p. 21.

La suite à la troisième page de la couverture.

DE L'ORGANISATION

DE

L'ENSEIGNEMENT

AGRICOLE

En France.

Tous les enseignements sont organisés en France, excepté le plus important de tous, celui de l'Agriculture. Attendrons-nous des années plus calamiteuses de disette, des causes plus actives d'épuisement de nos finances pour réparer ce funeste oubli?

PAR J.-A. FABRE,

MEMBRE DE LA SOCIÉTÉ D'AGRICULTURE, SCIENCES ET ARTS D'AGEN, MEMBRE CORRESPONDANT DE LA SOCIÉTÉ ROYALE ET CENTRALE D'AGRICULTURE DE PARIS, DE L'ACADÉMIE ROYALE DES SCIENCES DE BORDEAUX, DE L'ACADÉMIE ROYALE DE MÉDECINE DE PARIS, ETC...

PARIS,

IMPRIMERIE DE BUREAU, RUE COQUILLIÈRE, 22.

—

1847.

Imprimerie de l'Agriculture de BUREAU, rue Coquillière, 22.

A MM. les Pairs de France et MM. les membres de la Chambre des Députés.

MESSIEURS,

Les esprits les plus éclairés et les plus préoccupés du bien-être, de la grandeur et de l'avenir de notre pays, ont vu avec un bien vif sentiment de douleur qu'au milieu de tous les projets de loi sur l'enseignement de la jeunesse, qui ont été soumis à vos délibérations, le plus utile de tous, sans contredit, celui qui devrait concerner l'agriculture, soit resté complétement oublié.

Cependant les circonstances furent-elles jamais plus impérieuses pour justifier sa nécessité; attendrions-nous des leçons plus terribles, d'une année plus calamiteuse encore de disette, pour organiser, par un bon système d'enseignement agricole, les éléments les plus puissants de notre production? L'avertissement sévère que la Providence vient de nous donner serait-il perdu pour nous? Craignons, après de nouvelles années d'abondance, de nous endormir dans une indifférente quiétude et une imprévoyante et bien funeste sécurité.

C'est sur la prompte réalisation d'une organisation de l'enseignement agricole que je viens faire l'appel le plus pressant à votre amour si éclairé du bien public; c'est un plan complet d'organisation qui peut très facilement être traduit en projet de loi, que j'ai l'honneur de vous proposer.

Les considérations qui sont développées dans l'exposé des motifs qui accompagne cette pétition, vous feront voir d'une manière incontestable que l'enseignement agricole tel qu'il existe aujourd'hui est à peu près nul et complétement illusoire pour les 25 millions de cultivateurs à qui il doit s'adresser; que dans les écoles primaires communales la direction fâcheuse donnée aux études, enlève à l'agriculture le plus de bras qu'elle peut, et ses bras les plus intelligents; que dans le lycée et le collége cette direction non moins funeste lui enlève presque toutes les intelligences; que la dépopulation des campagnes, la centralisation toujours croissante des populations dans les villes, ont là leur point de départ; que le désœuvrement, la misère, la démoralisation et les émeutes parmi les classes ouvrières des villes, l'agitation, les inquiétudes, les déceptions et l'encombrement dans toutes les professions libérales et à la porte de toutes les administrations publiques, n'en sont que la bien légitime conséquence; que les sollicitations sans fin qui vous poursuivent partout de la part de ceux qui désertent l'agriculture, les créations toujours nouvelles de places ou d'emplois à leur donner, de grands travaux publics pour occuper leur oisiveté, les augmentations toujours croissantes de nos budgets et du déficit de nos finances... reconnaissent pour cause la plus active l'absence d'une impulsion prévoyante et salutaire donnée à l'enseignement et aux intérêts de l'agriculture.

Un pays aussi avantageusement placé que la France pour la production agricole, qui compte 52,760,298 hectares de superficie, pourrait, avec une culture sage et intelligente, pourvoir aux besoins d'une population presque double de la sienne, et tous les ans cependant nous sommes tributaires des produits de l'étranger pour des sommes énormes dont nous ressentons, aujourd'hui surtout, si vivement le déficit.

Il est cruel, pour notre orgueil national, d'être forcés de reconnaître sur des documents officiels et authentiques, que notre production agricole est inférieure de moitié à celle des états de l'Allemagne, et à celle d'un peuple voisin, dont la rivalité toujours ombrageuse, devrait en ceci surtout, stimuler nos patriotiques efforts. La France, que ses victoires et ses conquêtes scientifiques ont placé si haut à la tête des peuples, ne peut rester la dernière dans le progrès agricole.

L'organisation de l'enseignement que j'ai l'honneur de vous proposer assurerait avant peu à l'agriculture de notre pays, un état de prospérité dont il serait difficile de prévoir le terme.

Avec une dépense supérieure de bien peu à celle 1,184,200 fr. que vous accordez pour subventionner les théâtres de Paris, il vous serait facile de donner à l'enseignement agricole en France, l'impulsion la plus grande, la plus libérale et la plus productive qu'elle ait jamais reçue chez aucun peuple.

Vous savez, Messieurs, combien sont lourdes et multipliées toutes les charges qui pèsent sur l'agriculture ; vous savez aussi combien est digne de tout votre intérêt cette classe si laborieuse et si utile des cultivateurs ; ne refusez pas en compensation au plus noble, au plus indispensable, au plus moralisateur de tous les arts, la spécialité de l'instruction qui lui manque pour mettre les produits de notre sol au niveau de tous nos besoins, et en harmonie avec le développement toujours croissant de notre population.

Le pays qui a les yeux sur vous, accueillerait avec une bien vive reconnaissance une nouvelle organisation d'enseignement, qui, en assurant à l'agriculture un plus grand concours de lumières, d'intelligences, et conséquemment de capitaux, doublerait sa puissance et sa production, et ouvrirait à toutes les autres industries, dont elle est la mère commune, une carrière non moins brillante de prospérité. Vous trouveriez en elle, comme le professaient publiquement deux hommes d'une très grande autorité, M. le comte de Gasparin, dans la dernière séance de l'institut, M. le professeur Dumas, dans la dernière réunion de la société d'encouragement, le plus sûr moyen de mettre désormais la France à l'abri des conséquences si terribles des années disetteuses, et de répondre ainsi de la manière la plus digne et la plus efficace, à la confiance que le pays place si justement en vos lumières, en vos efforts et votre patriotisme.

J'ai l'honneur d'être, etc.

A. FABRE,

Ancien Maire, membre correspondant de la société centrale d'agriculture de Paris, de l'Académie des sciences de Bordeaux, etc.

Villeneuve-sur-Lot, 25 avril 1847.

DE L'ORGANISATION

DE

L'ENSEIGNEMENT AGRICOLE

EN FRANCE.

Nihil est agricultura meliùs, nihil uberiùs, nihil dulciùs, nihil homine libero digniùs.
CICÉRON.

Jamais peut-être une occasion plus opportune ne se présenta pour parler de réformes agricoles; car, au moment où j'écris ces lignes, tout le monde est fortement préoccupé de la question des subsistances. Des scènes de désordre, avec le caractère le plus grave, ensanglantent nos marchés; la rareté des céréales est signalée sur tous les points de la France; et la famine, avec toutes les horreurs qui l'accompagnent, inspire des craintes sérieuses aux populations. Pendant que le gouvernement prend les mesures les plus sages et les plus efficaces pour remédier aux calamités présentes, j'ai cru remplir un devoir de bon citoyen en venant vous proposer le moyen le plus sûr d'en prévenir à tout jamais le retour.

Dans la tâche que je me suis imposée, mon but a été de faire ressortir les vices de notre enseignement agricole, ou plutôt l'absence presque complète de cet enseignement; de démontrer combien il est urgent de restituer à l'agriculture la place et l'importance qu'elle doit occuper dans l'Etat et au milieu des autres sciences, de proposer, ce qui n'avait pas encore été fait, un système complet d'organisation de l'enseignement agricole, qui, par la simplicité de ses moyens, l'économie de sa dépense et la facilité de son application puisse être immédiatement mis en vigueur. J'appelle sur ces questions si capitales toute la sollicitude et tout le patriotisme des véritables amis de leur pays. Il y a là le germe de la révolution la plus grande, la plus productive et la plus glorieuse qui puisse vivifier et illustrer une nation.

PREMIÈRE PARTIE.

Nécessité d'une organisatian de l'enseignement agricole.

Si on demande quel est l'art le plus utile aux hommes, quelle est l'industrie mère de toutes les autres industries, quelle est la base fondamentale la plus solide de la sécurité, de la grandeur et de la richesse des nations, est-il au monde un seul esprit judicieux qui ne réponde ? l'agriculture. Existe-t-il en économie politique un axiome plus évident ?

En présence de cette vérité si unanimement reconnue, qu'on préconise sans relâche dans les écrits de nos publicistes et de nos économistes les plus éminents, qu'on proclame hautement chaque jour du haut de la tribune nationale dans chacune de nos discussions politiques, on doit naturellement tirer cette conséquence, que chez une nation aussi éclairée que la nôtre, l'agriculture est l'art qu'on enseigne avec le plus de soin à la jeunesse, celui vers lequel on dirige plus particulièrement ses goûts et ses sympahies, celui qui absorbe le plus l'attention du gouvernement, celui qui possède le plus d'écoles, celui qu'on encourage et qu'on honore avec le plus de distinction.

Cependant qu'elle application fait-on de cette conséquence si logique et si rigoureuse ? Ayez le courage d'examiner avec moi les choses sous leur véritable point de vue, de sonder toute la profondeur des plaies que nous allons mettre sous vos yeux, et osez me citer après cela un seul coin de la France où l'agriculture ne soit l'art le plus négligé, le plus déconsidéré de tous, le plus dédaigneusement abandonné. Je défie de trouver un seul esprit juste et éclairé qui ne soit forcé de convenir qu'on enseigne tout à la jeunesse, excepté, à bien peu de chose près, l'agriculture ; ou plutôt qu'on fait tout ou qu'on lui enseigne tout pour la lui faire déserter.

Pour faire ressortir dans tout leur jour les tristes vérités que nous avons à démontrer, étudions d'abord attentivement ce qui se passe dans les écoles primaires, dans des colléges et les lycées, dans toutes les branches de l'enseignement, et voyons quelle est la part qu'on fait à l'agriculture.

Ces quarante mille écoles primaires, qui couvrent le sol français, dont la plus petite commune rurale est aujourd'hui pourvue, grâce à la sollicitude du gouvernement, pour qui sont-elles plus particulièrement destinées? si ce n'est pour les fils des cultivateurs? Ce jeune enfant, que vous venez de recevoir dans l'école de son village, vous lui avez à peine appris les premières notions de lecture et d'écriture, que vous le formez aux difficultés du calcul; vous l'initiez péniblement aux arduités de l'analyse grammaticale; vous lui enseignez la géographie, l'histoire, le dessin linéaire, etc. Tout cela est fort bien; mais *prononcez-vous seulement devant lui le nom d'agriculture?* Cet oubli dans lequel vous laissez l'enseignement agricole, voulez-vous en voir les conséquences? L'enfant apprend à dédaigner un art, qu'on dédaigne en quelque sorte de lui apprendre. Ne lui dit-on pas que si son père travaille la terre, c'est parce qu'il n'a rien appris? Ne lui représente-t-on pas l'agriture comme l'unique et vil appanage des intelligences les plus grossières? Cet enfant, en rougissant de l'industrie qui l'a nourri jusqu'à ce jour, rougit bientôt de son père, qui la cultive, et il n'aspire qu'à la déserter. Il veut s'élever comme on le lui enseigne chaque jour. Bientôt dans son fol orgueil, il désertera la charrue pour courir dans les villes après les chances aventureuses d'une profession ou d'un état. Il veut cesser d'être *paysan*, parce qu'il se croit un savant en sortant de son école; il veut être artisan, en attendant mieux de l'avenir.

De là l'abandon de l'agriculture par les bras les plus intelligents, par ceux qui auraient pu le mieux la faire fructifier. De là l'émigration des campagnes; de là la centralisation si considérable des populations dans les villes et la misère affreuse qui la suit; de là provient cette foule toujours croissante d'ouvriers sans ouvrage, en disproportion si considérable avec nos besoins; de là sort cette classe d'hommes qui après avoir promené de ville en ville son oisiveté forcée et les vices hideux qui l'accompagnent; qui après avoir été la partie la plus active des émeutes; qui après avoir grossi sur son passage le cortège scandaleux des coalitions d'ouvriers, va mourir misérablement sur le grabat d'un hôpital, ou s'asseoir trop souvent, hélas! sur les bancs d'une cour d'assises.

Qu'on pèse attentivement et avec impartialité ce qui se passe dans les campagnes, et on verra que rien n'est malheureusement plus vrai que ce que j'avance. On se convaincra sans peine que l'instruction primaire, telle qu'elle est départie aujourd'hui, ne tend qu'à arracher à l'agriculture le plus de bras qu'elle peut, et ses bras les plus intelligents; que conséquemment elle lui prépare pour l'avenir un état toujours progressif d'infériorité. Ceci est tellement vrai, que toutes les sociétés d'agriculture de province s'en préoccupent, que la société académique de la Loire-Inférieure propose un prix pour celui qui indiquera le moyen le plus efficace d'arrêter la dépopulation croissante des campagnes, et qu'un préfet, M. Delamarre, en publiant des recherches qu'il a faites à ce sujet, porte à 49 pour 0[0, la proportion des hommes valides qui dans le département de la Creuse abandonnent l'agriculture.

Telle est aujourd'hui la tendance de l'instruction primaire, tel est le but où elle nous conduit imprudemment sans s'en douter. Au lieu d'attacher de plus en plus les fils du cultivateur au sol par la direction utile et agréable qu'il serait si facile de lui donner, elle fait tout ce qu'il est possible de faire pour les conduire dans une voie diamétralement opposée, et saper par sa base le fondement le plus solide de la richesse, de la sécurité et de la grandeur de la nation. Elle devient une arme très dangereuse pour l'état, alors qu'elle devrait être son plus ferme appui.

On aurait tort de croire que ce qu'on enseigne dans les colléges ou dans les lycées tourne d'une manière plus profitable à l'agriture.

Le raisonnement le plus simple nous conduit à penser que les fils des détenteurs de la grande propriété, pour qui les colléges et les lycées existent plus particulièrement, sont intéressés plus que personne à acquérir les connaissances nécessaires pour faire exploiter leurs domaines avec fruit et en augmenter la production. Ne devrait-on pas conséquemment dans ces établissements d'instruction, leur inspirer le goût de l'agriculture; leur apprendre qu'envisagée comme science, elle est digne des méditations des esprits les plus élevés, et leur donner au moins quelques notions théoriques élémentaires, dont plus tard ils développeraient le germe et ils étendraient les fertiles conséquences! Mais que voyons-nous encore ici?

Passez en revue ce nombre toujours croissant d'élèves qui se pressent dans nos lycées et dans nos colléges; questionnez-les sur les carrières qu'ils veulent embrasser? Et voyez si tous ne veulent pas devenir avocats, médecins, notaires, etc., ou s'ils n'aspirent pas à entrer dans les administrations publiques! Trouvez-moi le plus petit coin pour l'agriculture? Osez même me citer un seul de ces élèves qui n'ait été placé dans ces foyers d'instruction pour l'arracher à la direction des travaux des champs, pour lui faire abandonner l'agriculture comme le plus déconsidéré et le plus improductif de tous les arts?

Cette tendance des esprits, qui ont reçu un degré supérieur d'instruction, à envahir toutes les professions libérales et à dédaigner la branche industrielle la plus riche et la plus utile, n'est-elle pas encore une conséquence forcée de l'enseignement universitaire?

Qu'enseigne-t-on au jeune collégien, pendant ces neuf longues années, les plus précieuses de l'adolescence? Un peu de géographie et d'histoire, quelques éléments très incomplets des sciences naturelles et mathématiques, des principes plus étendus de grammaire, de littérature et de philosophie, et avant tout beaucoup de grec et de latin. Mais trouve-t-on un seul instant sur les bancs du collége, parmi cette longue succession d'études et d'années, pour *prononcer une seule fois devant lui le nom d'agriculture?* Cet immense programme de questions de toute espèce pour le *baccalauréat ès-lettres*, en renferme-t-il une seule qui se rapporte à cette science? N'est-il pas affligeant de voir nos jeunes gens, au sortir de leurs humanités, traiter avec dédain le cultivateur, le toiser du haut de leur science pédantesque, eux qui ne savent même pas distinguer un grain de froment d'avec les autres céréales; eux qui ignorent toutes les peines que coûte à l'agriculture ce grain de blé qui leur fournit chaque jour du pain ?

Cet oubli si complet et si déplorable de l'enseignement agricole dans le collége et dans le lycée, n'est rien moins qu'un véritable cachet de réprobation et de dédain, dont l'université, sans s'en douter, frappe imprudemment l'agriculture. De là le préjugé si enraciné et si généralement répandu au point de vue pratique, que l'agriculture ne peut procurer ni considération ni fortune ; que pour les trouver il faut courir après elles dans la carrière des professions libérales, ou dans celle du commerce et de l'industrie. De là tant d'avocats sans procès, tant de médecins sans malades, tant d'encombrement à la porte de toutes les administrations publiques ; tant de difficultés pour le gouvernement afin de répondre à d'innombrables exigences ; tant de désœuvrement ou d'amères déceptions ; tant de pertes ou de banqueroutes frauduleuses ; de là tant d'esprits inquiets et remuants, qui, tourmentés de ne pouvoir se créer une position en rapport avec celle qu'ils attendaient de leur instruction, en accusent le gouvernement, ne rêvent que changements de ministères, que troubles et bouleversements, et sont un sujet continuel d'alarmes pour l'ordre et la sécurité publiques ; de là enfin cette déperdition si considérable de forces de la partie la plus intelligente de la nation, forces qui, habilement dirigées vers l'agriculture, deviendraient pour les fortunes privées une mine des plus fécondes à exploiter, pour l'Etat un moyen de doubler sa richesse, sa puissance matérielle et son ascendant moral.

Tous ceux qui ont étudié le cœur humain savent parfaitement, comme l'a dit un de nos grands écrivains, que c'est dans *la fleur qu'il faut cultiver le fruit ;* que les premières impressions, et la première instruction de l'enfance et de la jeunesse, décident ultérieurement et d'une manière presque irrévocable de la destinée et de la fortune de l'homme. Cet ilotisme si déplorable, cet oubli si complet et si dédaigneux de l'agriculture dans l'enseignement primaire et dans le collége, voilà tout le secret de la déconsidération dont elle est frappée, de son triste état d'infériorité, du malaise, du trouble et des convulsions qui marchent à sa suite et travaillent notre société. Cette jeunesse que vous avez instruite sur tout, excepté sur l'agriculture, jusqu'à l'âge où elle quitte l'école où le lycée, et où elle revet la virilité, obéit forcément alors aux règles de la gravitation morale; elle cherchera la route de la considération du bien-être et de la fortune partout ailleurs que dans l'art le plus utile à l'espèce humaine, le plus noble et le plus moralisateur.

Ce que nous venons de dire nous explique toutes les difficultés que le gouvernement trouve à vaincre pour maintenir la tranquillité publique et combler le gouffre toujours ouvert des révolutions. Pour assurer du travail et du pain à ces masses turbulentes et toujours croissantes d'ouvriers qui ont déserté la culture des champs, il est obligé d'ouvrir d'immenses crédits et des travaux gigantesques sur tous les points du royaume. Mais si dans plusieurs de ces prodigieuses entreprises, l'agriculture doit retirer des avantages incontestables, combien aussi qui se font à son détriment? car c'est avec la surtaxe d'impôts qu'on a mis sur elle qu'elles s'exécutent; car c'est autant de capitaux qu'on lui arrache et dont on appauvrit son industrie; sans compter que les besoins de cette si grande affluence de travaux font doubler dans beaucoup de localités, le prix de la main d'œuvre pour l'exploitation des champs. Mais ces grands travaux publics pourront-ils toujours durer? Il faudra bien qu'ils aient un terme! Comment contenterez-vous alors tant d'exigences? Quel aliment trouverez-vous à offrir à cette masse affamée, turbulente et désœuvrée, si vous ne le cherchez prudemment à l'avance dans l'agriculture, dans cette bonne mère-nourrice qui donne si abondamment et si libéralement du pain à ceux qui savent lui consacrer leurs bras et leurs efforts? Selon moi, une grande partie de ces immenses travaux qui s'exécutent aujourd'hui, sont autant de voies nouvelles d'émigration de l'agriculture. Il y a au bout, si on ne se hâte d'y remédier, un abîme de révolutions plus terrible peut-être que tous ceux que nous avons si péniblement franchis.

Pendant qu'on agit ainsi pour cette masse d'ouvriers, qu'une instruction primaire bien dirigée eût pu conserver pour accroître la production agricole, il faut créer tous les jours des places nouvelles pour cette surabondance d'intelligences que l'éducation du collége vient à son tour retirer à l'agriculture, et jeter à la porte de toutes les administrations, de tous les ministères. Il faut trouver une curée à leur donner; car il y aurait danger à la refuser. Chacune de ces exigences n'est-elle pas d'ailleurs appuyée par un député, qui lui doit peut-être son élection? Et le gouvernement, dans une époque où les majorités sont si vacillantes et si difficiles à établir ou à conserver, peut-il raisonnablement faire autrement que d'augmenter tous les jours le budget dans des proportions de plus en plus énormes? Ces créations toujours nouvelles de places, ces augmentations de traitements des fonctionnaires publics, sont autant de charges nouvelles dont vous grevez l'agriculture déjà si maltraitée; ce sont autant de primes que vous décernez pour la faire abandonner, autant de calamités dont vous ménacez d'avance ceux qui auraient naturellement le goût de s'y livrer.

Telles sont les déplorables conséquences de l'enseignement universitaire : d'un côté il arrache au travail des champs les bras les plus intelligents et les plus utiles; de l'autre il enlève à la haute direction des travaux agrestes et à la pratique élevée de la science agricole les esprits les plus cultivés. Faut-il s'étonner ensuite si les capitaux manquent à l'agriculture? peuvent-ils raisonnablement affluer là d'où les bras et les intelligences se retirent. Que restera-t-il donc pour la vivifier? les encouragements du gouvernement ou de l'opinion publique? nous verrons bientôt en quoi ils consistent.

Voilà pourtant la vérité dans toute son évidence! mais fait-on mieux ailleurs pour l'agriculture dans un ordre de chose ou d'enseignement plus élevé.

Prenons d'abord le conseil royal de l'instruction publique. Le ministre actuel, M. de Salvandy, en le reconstituant sur ses véritable bases, avec un zèle, un courage et un discernement qui lui font le plus grand honneur, a voulu que les ordres de la théologie et du droit, de la médecine et des lettres, des sciences physiques et mathématiques, y fussent représentés par les hommes les plus éminents, par des spécialités dont la France peut s'ennorgueillir à juste titre. Tandis que dans ce conseil s'élaborent avec le plus grand soin et la plus scrupuleuse attention toutes les questions qui se rattachent aux diverses branches d'instruction de la jeunesse, l'agriculture n'y est-elle pas traitée comme si elle n'existait pas? Y a-t-il un seul membre dans ce conseil pour y représenter l'ordre de l'agriculture, pour y défendre ses besoins si impérieux, pour y populariser son enseignement, pour le venger des injustes dédains dont il est ailleurs l'objet? N'y a-t-il pas là une lacune des plus déplorables à remplir, un oubli des plus funestes et des plus criants à réparer?

Pour l'enseignement supérieur, nous avons dans les principales villes de France des facultés renommées, dont les cours, qui embrassent presque toutes les connaissances humaines, sont confiés aux maîtres les plus habiles, aux savants les plus éminents. Dans ces facultés se forment d'illustres corporations de professeurs, qui doivent en perpétuer et en agrandir l'éclat. De leur sein sortent de nombreux élèves qui vont faire ensuite rayonner sur tous les points du royaume les précieuses connaissances qu'ils y ont puisées, et en faire journellement une application éclairée à leur profit ou à celui de leurs concitoyens. En est-il de même pour l'agriculture?

Pendant que le gouvernement porte sur son budget 17,938,983 fr. de dépenses pour les besoins de l'enseignement, que fait-il donc en dernière analyse pour ces vingt-cinq millions de Français attachés à la direction ou aux travaux des champs? Énumérez les dix cours isolés et sans connexion qui, ayons le courage de le dire, dans toute la vérité du mot, se font, à bien peu d'exceptions près, pour *quelques amateurs seulement*, à Paris, au Conservatoire des arts et métiers ou au Jardin des Plantes, en province dans les chefs-lieux de sept départements; joignez-y les fermes modèles de Grignon, de Grand-Jouan et de la Saulsaye, où la spéculation privée gâte ce qui devrait être public, où on peut entrer sans examens préalables, où du reste l'enseignement est si incomplet, si peu scientifique et fructueux à un si petit nombre; ajoutez même à cette énumération quelques simulacres de fermes écoles, quelques établissements de pénitenciers agricoles pour les jeunes détenus; vous aurez après ce calcul, controlé du reste, le 3 janvier 1846, par le conseil général de l'agriculture et des manufactures, une idée à peu près exacte de la valeur de l'enseignement agricole en France, vous verrez dans quelle injurieuse et déplorable disproportion il se trouve départi, et vous conviendrez sans peine, combien il est ridicule et illusoire. Vous gémirez profondément avec nous de voir la branche la plus utile de nos connaissances et la base la plus solide de notre prospérité, si tristement et si imprudemment délaissée.

Depuis la plus petite place de professeur jusqu'au grade le plus élevé, on exige avec raison pour tous ceux qui sont appelés à enseigner la jeunesse des brevets de capacité, des diplômes délivrés par les universités. Avons-nous, je ne dirai pas, une école publique et complète, mais un seul simulacre d'école ou de faculté d'agriculture, où ceux qui voudront désormais la professer puissent venir se former et prendre leurs grades ? Viendrez-vous m'opposer un démenti en me citant Grignon ou les deux autres établissements du même genre ? On peut bien y enseigner aux jeunes gens quelques pratiques agricoles, mais le haut enseignement scientifique, où se trouve-t-il ? Il faudrait d'abord donner aux professeurs des élèves qui pussent les comprendre, et la plupart de ceux qu'ils instruisent, par quelles épreuves ont-ils passé ? ont-ils fait des études préparatoires ailleurs que sur les bancs d'une modeste école communale ? Parlerez-vous des commissions instituées par M. le Ministre de l'agriculture et du commerce pour examiner des candidats qui se destinent à professer l'agriculture ? Tout en faisant la part du savoir de quelques membres vraiment illustres qui en font partie, y a-t-il rien de plus anormal et de plus vicieux que de faire délivrer des diplômes, des brevets de capacité par des hommes qui n'en possèdent pas eux-mêmes ? Les conseils généraux des départements ou les villes principales qui seraient tentés de voter des fonds pour créer des chaires d'agriculture, ne sont-ils pas fondés, en présence de cet état de choses, à en ajourner l'époque jusqu'au moment où ils pourront choisir avec sécurité des professeurs qui auront pu trouver une école pour se former, et un jury spécial pour leur délivrer des brevets d'aptitude ?

Ce qu'il y a de plus déplorable dans ce que nous venons d'examiner, c'est que malgré toute l'évidence et toute la gravité du mal, on se doute à peine qu'il existe, tant l'attention publique est éloignée de tout ce qui se rattache à l'agriculture. En voulez-vous la preuve? M. de Lacroix, de la Drôme, rapporteur d'une pétition sur la question de l'enseignement agricole, s'exprimait ainsi dans la dernière session de la Chambre des députés : « Loin que l'en-« seignement agricole ait été oublié en France dans le programme « de l'instruction publique, il a reçu toute l'importance qu'il était « possible de lui donner sans le développer d'une manière dis-« proportionnée et au détriment d'autres études indispensa-« bles, etc. » Et ces paroles furent sanctionnées par le silence et le vote de la Chambre, et il ne se trouva pas une seule voix parmi 459 députés de la nation pour protester contre une assertion aussi inconvenante et aussi funeste! Mais on ajoutait qu'il se faisait dans quelques écoles normales primaires des cours de greffe et de taille des arbres. Pouvait-on vraiment traiter l'enseignement agricole avec plus de justice et de générosité?

Voulez-vous, en dernière analyse, vous créer une idée bien exacte du déplorable état de l'enseignement de l'agriculture en France et des funestes conséquences qui en sont la suite? Supposez un instant que les autres sciences ne sont pas mieux partagées que l'agriculture ; qu'elles sont sans écoles et sans facultés ; supposez que nos colléges et nos lycées, véritables bureaux de recrutement de nos cinq facultés, se trouvent fermés et qu'ils ont cessé, passez-moi le mot, d'*embaucher* exclusivement les élèves pour alimenter leurs cours ; supposez qu'il n'y a plus pour les sciences et les lettres, ni université, ni corps public enseignant sous la surveillance de l'État, forcément alors il ne restera plus, à quelque bien rare exception près, ni maîtres, ni élèves ; tout l'enseignement se fera du père au fils, il consistera dans la transmission de plus en plus affaiblie de quelques notions vagues et routinières, sans connexion, sans solidité et sans avenir.

Que seraient dans cette hypothèse notre civilisation, nos sciences et nos arts? Où seraient ces glorieuses découvertes dont notre pays a doté si richement le monde entier? où seraient ces immortels ouvrages que la postérité conservera si religieusement? où seraient nos flambeaux de la science, nos premiers maréchaux de la paix, pour me servir des belles expressions d'une de nos plus grandes illustrations modernes, de M. le professeur Dumas? Dans quel siècle de barbarie ne nous trouverions-nous pas plongés!

L'agriculture, je le demande à tous les esprits justes et éclairés, n'est-elle pas, à peu de chose près, dans cet état hypothétique où nous venons de placer les autres sciences? Son enseignement ne consiste-t-il pas partout dans la transmission déplorable de quelques pratiques routinières, qu'il sera d'autant plus difficile de déraciner qu'elles seront parties de la source la plus ignorante et qu'elles seront tombées sur le sol le plus ingrat? Aussi où pourriez-vous trouver plus d'erreurs et de préjugés que dans la classe des agriculteurs? Pendant que l'artisan et l'ouvrier font leur tour de France pour se perfectionner dans leur état, l'habitant des champs fait-il seulement deux pas pour aller voir une culture plus intelligente et plus économique, un instrument d'agriculture plus perfectionné, si ce n'est avec l'idée bien arrêtée de les trouver mauvais et de refuser de s'y conformer, au moins de longtemps, orsque le coin de la vérité aura pénétré dans sa tête par le gros bout.

Avec cette absence presque complète et si déplorable d'enseignement agricole, que voulez-vous que soit notre agriculture? qui aurez-vous pour la faire prévaloir ou défendre ses intérêts? compterez-vous sur l'action salutaire des comices? Mais l'élément le plus vivifiant manque aux membres qui les composent, la spécialité de l'instruction. Un esprit de mode et de nouveauté pourra bien, comme on le voit si souvent aujourd'hui, faire entrer dans ces réunions agricoles une foule d'hommes supérieurs par l'intelligence et les connaissances les plus approfondies. Mais quelle impulsion éclairée imprimeront-ils aux délibérations, eux qui, autrement que de nom, sont totalement étrangers à l'agriculture? Leurs discours pompeux et sonores égareront la foule, qui ne les connaît pas, et ils marcheront tristement à la remorque de leurs fermiers et métayers, des travailleurs les moins éclairés, qui, dans leur ignorance, en savent cependant encore beaucoup plus qu'eux.

Dans ces grandes luttes électorales, où le pays choisit ses législateurs, qu'elle part fait-on à l'agriculture? Ces nombreux propriétaires ruraux, qui à eux seuls forment les neuf dixièmes des électeurs, qui ont en main toutes les nominations de députés, pour qui donnent-ils leurs votes? Tous les intérêts se mettent en mouvement; l'égoïsme et l'ambition mettent tout en jeu, et l'agriculteur, qui ne sait ni intriguer ni cabaler, donnera sa voix à tout autre candidat qu'à un représentant de l'agriculture. Il prendra celui qui l'aura séduit avec plus d'art ou trompé avec plus d'adresse. L'agriculture restera totalement oubliée dans l'élection. Est-il surprenant si plus tard, dans les débats parlementaires, on se préoccupe si peu de ses intérêts, si on les sacrifie si cruellement et si aveuglement à tous les autres.

Si vous voulez remonter plus haut, vous retrouverez encore combien l'absence d'enseignement agricole a influé sur la haute administration de l'agriculture. Le ministère de l'Agriculture et du Commerce, au point de vue des intérêts agricoles, qu'est-il en réalité? L'homme éminent qui est placé à sa tête peut-il, sans une révolution complète dans les idées et dans l'organisation administrative, lui imprimer une direction vraiment efficace, alors que la plupart de ses attributions sont éparses dans les autres ministères, et notamment dans ceux des Finances, de l'Intérieur, des Travaux publics, etc.? N'est-il pas affligeant de voir que ce ministère, qui devrait avoir une si large part de prépondérance et de si vastes attributs, n'ait en quelque sorte d'autre tâche que celle qui consiste presque exclusivement à faire voyager quatre inspecteurs généraux, à distribuer quelques milliers de francs d'encouragements aux comices, à entretenir quelques centaines de chevaux pour les haras royaux, et à demander de loin en loin quelques renseignements à MM. les Préfets sur les récoltes.

En faut-il d'avantage pour expliquer les causes de la détresse de notre agriculture, de son état si inférieur de production. On a beau venir nous répéter chaque année à l'ouverture de toutes les sessions législatives que notre agriculture est dans l'état le plus prospère, c'est une erreur des plus funeste à proclamer; c'est un moyen de la perdre plus sûrement encore, en venant affirmer par là qu'elle peut être grevée impunément de plus en plus du fardeau toujours croissant des impôts.

Si notre agriculture était en progrès, verrions-nous nos campagnes, nos villages, nos petites cités dépeuplés comme ils le sont aujourd'hui de cette classe bourgeoise qui les vivifiait autrefois par son aisance, ses exemples et ses vertus; classe qui chaque jour y devient de plus en plus rare, et qui bientôt n'y existera presque plus que traditionnellement.

Si notre agriculture était en progrès, nos communes rurales seraient-elles veuves, comme elles le sont aujourd'hui, de toutes les intelligences; et MM. les Préfets seraient-ils si embarrassés pour y trouver de loin en loin quelques éléments de capacité pour organiser les administrations municipales?

Si notre agriculture était en progrès, le chiffre de la production resterait-il à peu près stationnaire, alors que celui de la population augmente tous les jours dans des proportions si rapides.

Ouvrez avec moi les pages du magnifique ouvrage de la Statistique de la France, publié par M. le Ministre de l'agriculture et du commerce; prenez tous les tableaux officiels du commerce de la France avec les puissances étrangères, publiés annuellement; établissez une balance entre le chiffre des produits agricoles que nous importe l'étranger et ceux que nous exportons à notre tour, et osez vous refuser à cette démonstration mathématique que nos millions sortent tous les ans par centaines hors de nos frontières pour enrichir les nations voisines, et payer au plus cher denier à d'autres peuples ce que l'état d'infériorité de notre industrie agricole refuse à nos premiers besoins, soit en céréales, soit en produits des magnaneries, soit en sucs oléagineux, soit en animaux domestiques, ou en bois de construction, etc., etc. Ceci est tellement vrai, qu'en 1846, je parle le *Moniteur* en main, l'importation pour le froment seul a fourni à notre alimentation 3,636,666 hectolitres, représentant un capital de plus de 80,000,000 de francs. En 1847, d'après les calculs les plus exacts, trois cents millions ne paieront pas le pain qui nous manque et qu'il nous faut si péniblement aller chercher à l'étranger. Avec un pareil déficit de production, où en serions-nous cette année, si la guerre et un blocus continental eussent intercepté nos arrivages?

Pourrait-on dire raisonnablement que notre agriculture est en progrès, dans un état vraiment prospère alors qu'un quart de la population des campagnes, même dans les meilleures années, est près de la moitié du temps sans pain et n'a que des bouillies de maïs ou de blé noir pour tout aliment, que de l'eau pure pour étancher sa soif, et pour habitations des masures infectes et insalubres où le jour pénètre à peine et où l'homme et les animaux ne peuvent que se crétiniser et promptement dépérir.

Pour parler avec des exemples qui paraîtront tout à fait concluants, je dirai que la France, ce pays si avantageusement placé pour la production agricole, possède d'après les tableaux officiels 52,760,298 hectares de superficie, dont 25,559,151 sont en terres labourables. Moins de cinq millions d'hectares de terre bien cultivée et semée en céréales suffiraient pour nourrir sainement et substantiellement tous ses habitants; et nous avons vu tout ce qui nous manque, lorsqu'il nous serait facile de récolter chez nous de quoi nourrir une nation deux fois plus populeuse que la nôtre.

Voulez-vous un point de comparaison, je pourrais en prendre plusieurs, je me borne seulement à l'Angleterre. Cette puissance occupe une surface de 13,386 lieues carrées qui travaillées par 7,500,000 agriculteurs, créent un produit brut de 5,480,000,000 de francs; soit 40,000 fr. par lieue carrée, ou 722 fr. par individu.

Le territoire de la France comprend 27,400 lieues carrées qui, travaillées par 25,000,000 de cultivateurs, ne donnent qu'un produit brut de 4,500,000,000 fr.; soit 16,000 fr. par lieue carrée, ou 180 fr. par individu.

Voilà des vérités bien tristes à dire pour notre orgueil national, mais qu'il importe de faire connaître très haut pour y appliquer toute l'efficacité du remède.

En faisant ressortir tous les déplorables résultats que je signale, je n'ai point la prétention d'en faire un grief contre le gouvernement. Il y aurait d'autant plus d'injustice à l'accuser que jamais ministère en France n'apporta une plus large part de sollicitude et ne fit plus d'efforts pour encourager les sociétés agricoles et multiplier les comices dans nos quatre-vingt-six départements. Ces efforts et cette sollicitude sont pour moi l'encouragement le plus puissant dans la tâche que je me suis imposée. Puissent-ils nous présager, pour un avenir très rapproché, les réformes les plus utiles pour l'agriculture, à proportion que les hommes spéciaux les signaleront aux méditations des dépositaires du pouvoir et des destinées du pays.

Ce que les établissements publics d'instruction, ce que les facultés des lettres et des sciences ont fait pour la prospérité de la nation, pour le bien être social, et pour leur part de survivance dans le souvenir de la postérité, l'agriculture le fera sur une échelle bien autrement grande le jour où dans l'école primaire et dans le collége on persuadera à la jeunesse que rien ne peut la conduire plus sûrement à la fortune, à la considération publique et au bonheur ; le jour où on aura soin d'exalter la jeune imagination des élèves par le souvenir des grands hommes qui l'ont illustrée, et des services qu'ils ont rendu à leurs concitoyens ; le jour où on démontrera à cette jeunesse, que l'agriculture, comme science, peut s'élever à la hauteur de toutes les plus belles inspirations du génie et mériter toute l'attention et les méditations des esprits les plus élevés ; le jour où on aura écrit sur le frontispice de chaque école qu'on peut aussi glorieusement servir son pays par l'agriculture que dans la carrière des professions les plus libérales ; le jour, en un mot, où l'instruction agricole aura dans chaque commune ses temples et ses ministres, et dans les grands centres de population des facultés d'agriculture pour répandre l'enseignement à l'instar des autres et le relever de toute sa hauteur.

Nous avons été trop longtemps injuste envers la science qui nous nourrit, envers celle qui fournit les éléments premiers de tous nos besoins, envers cette mère si féconde qui alimente notre commerce et notre industrie et sur qui se prélèvent presque exclusivement tous nos impôts. Oublions un instant ce cultivateur au langage grossier, aux mains calleuses, cet homme couvert de haillons qui brave sans cesse les plus rudes intempéries des saisons, pour creuser péniblement le sillon de la routine et arroser de son sang et de ses sueurs; une terre qui reste ingrate, parce qu'il ignore l'art de la dompter. Ce n'est pas là l'appanage de l'agriculture. Envisageons-là comme science, et voyons si elle ne peut pas devenir un aliment précieux pour l'esprit, un foyer puissant pour le génie.

Quelle est la science qui a plus de connexions avec les autres science que l'agriculture? Elle étudie les grands bouleversements de la surface du globe pour se rendre compte géologiquement et minéralogiquement parlant des terrains qu'elle est appelée à cultiver; elle explore tous les organes des végétaux pour en reconnaître les espèces, et s'initier aux grandes lois physiologiques de leur développement et de leur reproduction; elle emprunte à la physique et à la chimie, la partie la plus brillante de leur flambeau pour rechercher la part d'influence des éléments dans la production du végétal, pour séparer les principes qui le composent et s'assimilent dans sa nutrition; elle a besoin de la zoologie pour l'étude des races d'animaux qu'elle veut élever, ou des bêtes et des insectes nuisibles qu'il faut détruire. Elle a besoin des connaissances les plus exactes de mécanique pour reconnaître les principes qui doivent présider à la fabrication éclairée et à la conduite de ses instruments. Pour la technologie ou fabrication première de ses produits, elle se donne la main avec tous les autres arts. Elle touche à la météorologie et à la climatologie, à la pathologie des animaux domestiques et à l'hygiène, à l'économie politique et à la branche la plus difficile de notre législation, à ce code rural qu'on attend sans fin, et que nos législateurs sont si embarassés pour aborder.

L'esprit le plus difficile dans ses exigences peut-il trouver une plus belle carrière à parcourir! un plus vaste et plus noble cadre de connaissance à embrasser! Le génie de nos poëtes n'y a-t-il pas de tout temps puisé ses belles et ses plus attendrissantes inspirations! Le génie de nos savants n'a-t-il pas, dans ce champ inépuisable d'étude, trouvé le secret de dérober à la providence, la connaissance de quelques-unes de ces grandes lois primordiales, qui ont présidé à la formation des êtres organisés; n'a-t-il pas appris à suivre le doigt de Dieu dans les mystères si admirables de leur développement et de leur reproduction? l'administrateur pourrait-il trouver au point de vue économique, un sujet plus digne de ses méditations, l'industriel une mine plus féconde à exploiter, le moraliste un moyen plus puissant de civilisation et de progrès pour la société, le philantrope un champ où il y ait plus de bien à faire, l'homme simple dans ses goûts et modeste dans ses désirs, un objet d'étude plus à sa portée et entouré de plus nobles délassements et de tendres jouissances.

Voilà ce qu'il faut écrire sur les murs de toutes les écoles ; voilà ce que l'Université doit faire placarder avec les plus gros caractères dans toutes les salles d'études des colléges et des lycées ; voilà les titres de noblesse de l'agriculture, ceux que le gouvernement doit avant tout faire ressortir s'il veut sincèrement ses progrès.

Si la science agricole mérite sous tous les rapports les honneurs d'une étude approfondie, cette classe d'homme qui s'adonne à la culture des champs est-elle moins digne de notre attention. En est-il une plus intéressante dans la société? Citeriez-vous le plus petit coin de notre territoire qui ne soit journellement arrosé de ses sueurs? ne compte-t-elle pas pour les quatre cinquièmes environ dans la population de la France? Cette classe de citoyens n'est-elle pas la plus soumise aux lois ; trouve-t-on des mœurs plus pures dans les autres régions de la société? Vit-on jamais sortir de ses mains un fer régicide pour menacer les jours si précieux de notre roi? Chez elle, la force du principe religieux et l'amour de la famille font éclore les plus nobles actions au sein de l'obscurité ; chez elle le travail, la sobriété et la simplicité des goûts préparent pour la défense de la patrie les santés les plus robustes, et préviennent cette mendicité si hideuse par ses vices, qui nous vient presque exclusivement des villes pour grever de plus en plus la campagne ; chez elle, enfin, jamais de bouleversements ou d'émeutes, quelles que soient les charges dont on l'accable ou les humiliations qu'on lui fait subir.

Vous avez de nombreuses croix de la légion-d'honneur que vous donnez annuellement pour récompenser le courage ou les services de nos soldats ; vous en trouvez un nombre tout aussi grand que vous placez journellement sur la poitrine des hauts fonctionnaires publics; combien en donnez-vous, chaque année, en dehors de toute influence étrangère à l'agriculture, pour ces vingt-cinq millions de soldats de la paix qui militent à chaque instant du jour et de la nuit contre la rigueur des éléments, et se livrent aux travaux les plus rudes pour vous assurer constamment du pain? Monseigneur le duc de Nemours, présidant il y a quelque mois le comice d'Osny, près Pontoise, prononçait à ce sujet de nobles paroles, lorsqu'il s'exprimait ainsi : « *Disons honneur au travail du cultivateur, comme nous disons honneur au courage! Le travail et le courage sont frères : la patrie qu'ils servent doit les honorer et les récompenser tous les deux.* » Mais a-t-on mieux fait depuis?

On est vraiment étonné en réfléchissant sur toutes les charges qui pèsent sur l'agriculture de voir qu'elle ne soit pas encore plus délaissée et dans un état plus alarmant d'infériorité.

Pour cultiver le champ dont vous voulez devenir propriétaire, il faut commencer par payer au gouvernement un impôt exhorbitant dans les droits d'enregistrement. Si la propriété vous arrive par succession, cet impôt perçu par le trésor devient plus exhorbitant encore, car en quelques années il peut quelquefois se renouveller, par des décès successifs au point d'absorber la presque totalité du bien. Après avoir payé un droit si énorme et si onéreux pour avoir votre brevet de propriétaire, il faut en payer annuellement ou plutôt journellement un autre pour récolter; car vous trouvez partout l'impôt direct et après lui les impôts indirects de toute espèce, et de toutes les formes pour vous enlever la partie la plus nette de vos revenus, de ces produits arrachés avec tant de peine, aux grêles, aux inondations, et à toutes les intempéries des saisons, et obtenus après tant de soins de fatigues et de sollicitudes. Qu'un fléau calamiteux vous prive intégralement de tous vos revenus, on pourra bien vous faire une réduction de quelques centimes sur vos impositions, mais vous serez bien autrement pressés pour les acquitter, car MM. les receveurs généraux ont alors d'autant plus besoin de fonds que les propriétaires leur en retirent davantage ou leur en empruntent beaucoup plus. Qu'une guerre survienne; qu'une invasion étrangère arrive pour désoler le pays, ces impôts si exhorbitants seront presque doublés, heureux encore le cultivateur qui se trouvera assez éloigné pour voir ses récoltes préservées des ravages de l'ennemi, et à qui il restera assez pour se libérer en entier envers le fisc... N'y a-t-il pas une corvée spéciale réservée presque exclusivement pour l'agriculteur dans ces roles si chargés de la prestation en nature? La conscription militaire sur qui pèse-t-elle le plus? Dans les conseils de révision on ne veut que les plus beaux hommes, et il est reconnu que c'est l'agriculture qui les donne, car dans les grandes cités, dans les villes manufacturières ou dans les communes industrielles on peut souvent à peine former un contingent, et on a été obligé de faire une loi spéciale pour y remédier, pour veiller sur le travail et le développement physique des enfants. La révolution française se fit autrefois en criant contre la dîme; celle qui se prélève à chaque instant et partout sur l'agriculture, est-elle moins forte et moins lourde à supporter?

Ne croyez pas que ce soit tout. Ces masses turbulentes d'ouvriers qui après avoir déserté les champs vont encombrer les grands centres de population, qui vivent au jour le jour, qui la plus part du temps manquent de pain, le gouvernement sait bien que ce sont elles qui font les révolutions et qu'il faut sans cesse les surveiller et leur faire des concessions; aussi, pour leur tenir au plus bas prix le pain et les éléments premiers de leurs besoins, fera t-il tout ce qu'il est possible de faire, même au détriment de la valeur des produits agricoles. Dans les années d'abondance le propriétaire vendra tout à vil prix, heureux encore s'il trouve à vendre; dans les années de disette, il trouvera une compensation bien minime dans la plus-value du peu qu'il récoltera; car l'importation sur laquelle on aura baissé proportionnellement les droits sera là sur chacune de nos frontières pour inonder nos marchés et entretenir pour l'agriculture une concurrence d'autant plus ruineuse que l'agriculteur manquant de revenus pourra donner moins de travail à faire, répandre moins d'aisance autour de lui, moins bien exploiter son domaine et conséquemment voir diminuer progressivement son produit.

Sortez un instant des villes pour voir ce qui se passe dans

nos campagnes ; avec les charges si onéreuses qui pèsent sur l'agriculture trouvez-y un propriétaire ***aisé***, s'il n'a des capitaux placés ou une place pour le soutenir : voyez si vous ne retrouvez pas partout le malaise et la gêne même au sein des propriétés territoriales les plus considérables.

Est-ce trop en présence de toutes ces charges si lourdes, qui paralysent l'action de l'agriculture, de venir vous demander pour elle un peu d'instruction ? est-ce trop de venir vous demander pour cette classe si nombreuse et si utile, si calme et si laborieuse, de propriétaires et de cultivateurs, non pas une réduction d'impôts, mais quelques encouragements vraiment efficaces. Dans le budget de cette année on trouve une somme de **1,484,200** francs pour subventionner les théâtres royaux et les amusements des Parisiens; on consacre quatre millions pour encourager la pêche de la morue et de la sardine, et pour l'agriculture devrions-nous attendre moins ? Ce million qu'on a voté pour elle, est-il suffisant, alors que dans le Wurtemberg qui ne compte qu'un million et demi d'habitants, et dont la superficie est ***trente deux fois moins considérable*** que la nôtre, on lui consacre annuellement ***huit cent mille francs***.

Depuis quelques années la sollicitude du pays paraît vouloir se réveiller en faveur de l'agriculture. Dans les Congrès qui se sont formés, les hommes les plus éminents ont chaudement parlé pour ses intérêts, et deux lois importantes votées par les Chambres ont fait voir que désormais on voulait être plus juste envers elle. Profitons donc de ce moment pour replacer l'agriculture sur son véritable piédestal.

Pour arriver surement à un but si désirable, quelle route devons-nous suivre, par quelle voie de réforme doit-on commencer à procéder ? Un des plus grands penseurs du genre humain, le profond Leibnitz, disait : ***celui là est maître du monde, qui est maître de l'instruction.*** Commençons donc par organiser l'enseignement agricole, si nous voulons porter notre agriculture à son apogée de perfection et faire jouir notre patrie de tous les trésors qu'elle dispense avec tant de libéralité.

Dans les dernières délibérations du conseil royal de l'agriculture et des manufactures, la question de l'enseignement agricole fut mise à l'ordre du jour; mais ici comme dans tout ce qui se passe sous nos yeux, les intérêts de l'agriculture furent singulièrement envisagés, je dirai même compromis. Savez-vous ce que le conseil interrogé sur la question si importante de cet enseignement agricole, répondait dans sa séance du 3 janvier 1846? voici textuellement les paroles de M. Vitry, membre de la chambre des députés, son rapporteur : « *à proprement parler l'agriculture ne forme pas encore un corps de science et l'on ne doit pas songer à régler son enseignement d'une façon définitive et complète.* » mais que manque-t-il donc à l'agriculture pour constituer une science? n'accusons que notre ignorance et nos préjugés. Quand donc faudra-t-il songer à régler son enseignement d'une façon définitive et complète? si vous dites qu'on doit en ajourner indéfiniment l'époque. Attendrons-nous qu'elle soit plus grevée et plus avilie? Après une manière de voir si étrange et si injuste, qu'est-il résulté des longues discussions sur ce sujet? On a conseillé à M. le ministre de l'agriculture *de favoriser la tendance de la science à s'occuper d'agriculture*; mais par quels moyens? *de fonder dans les principales villes des chaires d'économie agricole*; mais où prendre les professeurs? *de créer de nombreuses fermes écoles destinées à former des maîtres-valets*; des maîtres-valets; mais avouez qu'avec un enseignement aussi relevé et aussi complet l'agriculture va faire de bien surprenants progrès.

Pour nous, qui voulons pour l'agriculture un enseignement digne de toute l'importance qu'elle occupe, qui le réclamons sur la base la plus large et la plus libérale, nous avons porté plus haut nos prétentions; nous nous sommes demandés si pour organiser d'une manière convenable cet enseignement, il fallait procéder autrement que pour les autres sciences, quels motifs pouvaient engager à le rendre tout à fait exceptionnel? Après une appréciation approfondie de tout ce qui a été dit ou écrit sur ce sujet, une pensée nous a frappé, *si l'expérience a consacré partout la perfection de notre enseignement au point de vue littéraire et scientifique, si jamais à aucune époque et chez aucun peuple il n'atteignit le même degré de supériorité, pourquoi ne sui-*

vrait-on pas strictement la même marche pour l'agriculture?

En fallait-il davantage pour nous placer dans la bonne voie, la seule vraiment praticable, pour nous faire repousser les systèmes d'enseignement, plus ou moins mutilés ou incomplets, plus ou moins impraticables, plus ou moins ruineux, qui ont été proposés tout récemment. Aussi, sans nous lancer dans le champ des théories, notre tâche va devenir des plus simples et des plus faciles, nous allons marcher sur un sol connu, et réclamer pour l'agriculture un enseignement analogue à tous les autres.

DEUXIÈME PARTIE.

Plan d'organisation de l'enseignement agricole.

Des esprits sérieux se sont élevés dans ces derniers temps contre l'enseignement scientifique de l'agriculture, en disant qu'il avait souvent fait tomber les praticiens dans de graves erreurs; mais en est-il autrement pour les autres sciences? Tout mur de séparation qu'on voudrait élever entre la science et la pratique agricole serait un acte d'obscurantisme. L'une et l'autre ne sauraient, selon nous, marcher séparées : la science, pour éclairer les applications de la pratique et la lancer dans la voie du progrès; la pratique, pour contenir la science et corriger ses tendances, quelquefois trop aventureuses. Notre enseignement agricole se divisera donc en enseignement scientifique ou universitaire et en écoles spéciales d'application.

De même que les Facultés de droit ont été séparées du Ministère de la justice, les Facultés de théologie du Ministère de cultes, pour entrer sous la direction de M. le ministre de l'instruction publique, je voudrais aussi que l'enseignement théorique agricole fût enlevé au département de l'agriculture et du commerce pour se confondre avec tous les autres genres d'enseignement, sauf à créer d'un autre côté des écoles spéciales d'application, des instituts pratiques d'agriculture, des fermes-modèles, qui, avec les développements qu'il conviendrait de leur donner, continueraient, comme nous le dirons plus tard, à rester sous la dépendance exclusive du ministère d'où ils ressortent actuellement. Il y aurait, selon moi, un immense avantage à ne pas faire de l'agriculture un enseignement théorique séparé, afin de le populariser au milieu de tous les autres genres d'enseignement, et de ne pas les priver des connexions qui les unissent. L'avantage s'y trouverait aussi au point de vue économique en diminuant la dépense et la surveillance administrative.

Une mesure qui devrait ensuite précéder toutes les autres consisterait à faire représenter les besoins de l'enseignement agricole au conseil royal de l'instruction publique, à l'égal des lettres, de la médecine et du droit, des sciences physiques et mathématiques. Il serait indispensable que deux membres au moins, pris pour l'ordre de l'agriculture dans les sommités de la science, fussent préposés à la haute surveillance de son enseignement. L'agriculture devrait y être traitée en sœur, comme les autres sciences. Son importance dans l'Etat, bien supérieure à tous les autres genres d'études, exige impérieusement qu'elle y soit accueillie autrement qu'en étrangère.

Après avoir organisé la représentation de l'agriculture au sein du conseil royal de l'instruction publique et ses attributions, qui y deviendraient égales à celles des autres sciences, le premier soin qui devrait occuper le gouvernement serait de créer des écoles supérieures d'agriculture, ou plutôt des facultés agricoles à l'instar des autres facultés. Sans organisation de facultés agricoles, il faut renoncer aux études élevées et vraiment scientifiques, il faut renoncer à conférer des grades, il faut renoncer à avoir des professeurs et aux progrès sérieux de l'agriculture. Quatre facultés d'agriculture me paraîtraient pour le moment répondre aux besoins de la nation : une à Paris, pour la section du nord ; une à Poitiers, pour la section de l'ouest ; une à Lyon, pour l'est ; une enfin à Toulouse pour la section du sud. Dans ces facultés, je voudrais que l'enseignement y fût professé au point de vue le plus scientifique et le plus complet. Les professeurs, choisis d'abord par M. le ministre de l'instruction publique, parmi les spécialités les plus illustres de l'Institut, du Conservatoire des arts et métiers, du Jardin des Plantes, de la Société royale et centrale d'agriculture, et des Sociétés savantes de province, etc., etc., seraient ensuite nommés au concours.

Pour que dans ces facultés l'enseignement ne laissât rien à désirer, il deviendrait nécessaire d'y créer un certain nombre de chaires, qui pussent embrasser toutes les parties de la science agricole.

Une première chaire devrait comprendre l'étude de l'agriculture dans ses rapports avec la géologie, la minéralogie, la botanique et la physiologie agricole.

Une seconde chaire serait consacrée à la physique et à la chimie agricoles, et embrasserait la climatologie, la météorologie sous le point de vue inhérent à l'agriculture.

Dans une troisième chaire, des leçons de comptabilité agricole et de levée de plans, des notions d'architecture rurale, et des principes de mécanique appliqués à la confection des instruments agricoles, seraient donnés aux élèves.

Deux chaires pour les cours théoriques de culture et la culture expérimentale, traiteraient de l'agriculture proprement dite.

Une sixième chaire serait réservée pour l'horticulture à laquelle on joindrait la sylviculture.

Une septième chaire serait créé pour l'étude de la zoologie dans ses rapports avec les races d'animaux utiles ou nuisibles à l'agriculture. On y joindrait quelques notions d'art vétérinaire et l'hygiène des campagnes.

La technologie, ou fabrication des produits agricoles, fournirait matière à un cours spécial, où l'œnologie, la sucrerie, la magnanerie, etc., etc. trouveraient leur place.

Une neuvième chaire serait exclusivement consacrée à l'étude de l'économie et de la statistique agricole des peuples, et à l'histoire de l'agriculture.

Une dixième chaire, comprendrait l'étude des transactions, la législation rurale et la haute administration de l'agriculture.

Chacune de ces chaires, dont la distribution définitive et l'organisation, seraient modifiées selon les besoins du service, serait occupée par un professeur spécial. Trois ou quatre professeurs agrégés nommés au concours seraient attachés à chaque faculté pour suppléer dans les cas de vacance ou d'empêchement.

A l'instar des facultés de médecine, chaque faculté d'agriculture devrait avoir son musée, où on réunirait pour les démonstrations les instruments les plus perfectionnés, et où on classerait les produits les plus utiles. Indépendamment du local consacré à chaque faculté, et qui occuperait le centre des villes, il serait indispensable d'y joindre comme annexe, trois ou quatre hectares de terre dans le voisinage le plus rapproché, afin que les élèves pussent y voir les variétés de plantes les plus utiles à l'agriculture, les races d'animaux les plus belles, et assister à des essais de culture ou à quelques démonstrations pratiques.

La France, qui depuis quelques années a jeté sur tous les points du royaume, tant de monuments, tant d'édifices publics, qui possède des revenus considérables, qui pour le seul ministère des travaux publics a un crédit ouvert de 152,116,900 francs, refuserait-elle d'ériger à l'agriculture les quatre monuments que je propose d'élever à sa gloire et à ses progrès. Au milieu de tant de dépenses d'une utilité secondaire qui se font pour le pays, en trouverait-on une qui fut plus riche en avenir, plus grande et plus productive.

Les cours dans les facultés d'agriculture seraient publics et gratuits. Chaque individu pourrait les suivre sur la présentation d'un diplôme de bachelier, ou d'un certificat d'aptitude, délivré par MM. les préfets et sous-préfets sur la demande des maires. Les élèves qui, dans les instituts agricoles où les fermes-écoles, auraient obtenu des brevets de capité, pourraient jouir du même droit.

Les inscriptions ne pourraient être prises que sur la présentation d'un diplôme de bachelier ès-lettres ou ès-sciences. Elles seraient payées comme dans les autres facultés. La durée des études serait de trois ans, représentés par douze inscriptions.

Des règlements d'administration publique, indiqueraient les épreuves à subir pour obtenir le doctorat, la licence où le baccalauréat en agriculture; ainsi que la rétribution à payer pour les frais de diplôme.

Cinq ans après la promulgation de la loi qui créerait les facultés d'agriculture, nul ne pourrait être gradué dans ces établissements, sans y avoir pris ses inscriptions. En attendant, on pourrait délivrer des diplômes à ceux qui auraient subi avec distinction les épreuves fixées pour les mériter.

A l'avenir, le grade de docteur en agriculture serait indispensable pour obtenir les places de professeur d'agriculture dans les facultés, d'inspecteurs généraux de l'agriculture, de membre de l'ordre de l'agriculture dans le conseil royal de l'instruction publique, de professeur d'agriculture à l'école normale de Paris et dans les principales villes chef-lieu de département.

La licence serait exigible pour les professeurs d'agriculture dans les lycées et dans les colléges, dans les écoles normales primaires des départements, dans les instituts agricoles dont il sera question bientôt. On l'exigerait aussi pour les inspecteurs et sous-inspecteurs des écoles primaires.

On demanderait le baccalauréat en agriculture, pour entrer dans les emplois supérieurs des administrations des haras, des eaux et forêts, des tabacs, des bergeries et jardins royaux, des domaines de l'état, etc., dans les bureaux du ministère de l'agriculture. On l'exigerait aussi pour être préposé, aux principales opérations cadastrales, aux grandes lignes de vicinalité communale, aux conservations hypothécaires, à la direction des fermes-écoles agricole départementales, aux grands travaux de colonisation dans l'Algérie où nos autres possessions.

Dix ans après la promulgation de la loi, la moitié des membres du conseil royal de l'agriculture et un sixième de MM. les préfets et sous-préfets seraient pris parmi les gradués en agriculture.

Le respect des droits acquis fera craindre peut-être de trouver des difficultés pour concilier les intérêts des administrations actuellement existantes avec un pareil ordre de choses. Rien de plus facile cependant. Sans en changer le personnel, donnez un délai de cinq ou dix ans à ceux qui le composent pour se conformer aux garanties que vous demandez. Puisez dans leur position exceptionnelle des éléments d'indulgence pour leur conférer les grades que vous exigez, et arrêtez, qu'après un délai fixé, il ne sera donné aucune espèce d'avancement qu'à ceux qui se seraient conformés aux nouvelles prescriptions de la loi.

La création et l'organisation des facultés d'agriculture présente beaucoup moins de difficultés et exige beaucoup moins de dépenses qu'on ne saurait primitivement le penser. Prenons Paris pour exemple : ces bâtiments si considérables du Jardin-des-Plantes, cet emplacement si vaste qui les entoure et que vous venez d'aggrandir encore par 1,036,776 fr. d'achats ; vous avez là le local de la plus belle faculté d'agriculture, sans nuire en rien à leur destination primitive. Les collections minéralogiques agricoles, elles sont là sous votre main ; un jardin de botanique agricole, il s'y trouve tout formé ; un parc d'animaux les plus utiles à l'agriculture, vous le retrouvez aussi en relégant un peu plus loin quelques ours ou quelques singes, pour les remplacer par les plus belles races d'animaux domestiques. Avec un changement bien simple et bien peu coûteux de distribution, vous avez, autour du local un matériel à peu près complet, un des plus riches musées d'agriculture, si vous y joignez la collection des instruments agricoles du Conservatoire des arts et métiers, qui doivent ici plus naturellement trouver leur place. Tout, jusqu'au personnel, vous sert admirablement, car en donnant une direction un peu plus spéciale aux cours appliqués à l'agriculture qui se font au Jardin-des-Plantes ou au Conservatoire, vous avez la plupart de vos professeurs, et des hommes tous très haut placés dans la science. Une pareille distribution, je le demande, obtenue cependant avec bien peu de frais, ne vaudrait-elle pas, pour l'agriculture, ce que nous possédons aujourd'hui ?

Ce que nous venons de dire pour Paris, nous pourrions jusqu'à un certain point le dire pour les trois autres villes que nous proposons pour devenir les chefs-lieux des trois autres Facultés d'agriculture. Nul doute que ces villes qui ont des Musées, qui entretiennent des jardins de plantes, qui possèdent déjà d'autres facultés, qui jouissent d'immenses ressources, ne contribuassent pour le local au moins dans les créations nouvelles en compensation des avantages considérables qu'elles devraient en retirer. Du reste, en admettant en principe que quatre Facultés d'agriculture seraient établies, on pourrait se contenter momentanément de deux, une à Paris, l'autre à Toulouse. La dépense des deux autres ne se ferait que plus tard, dans quatre ou cinq ans par exemple, et en attendant on gagnerait plus de temps pour voir surgir d'habiles professeurs, que l'impulsion nouvelle donnée à ce genre d'étude ne saurait manquer de développer.

On objectera sans doute que l'enseignement agricole donné dans ces facultés manquera tout-à-fait son but; car professé hors des champs, il sera essentiellement théorique et nullement pratique? Mais en est-il autrement pour les autres Facultés? Le jeune homme qui sort de l'école de médecine après avoir passé sa thèse, l'élève qui quitte son cours de droit après avoir obtenu sa licence, sont-ils médecins ou avocats, pratiquement parlant? En rapportent-ils autre chose que des idées théoriques, dont l'application longue et assidue fera seule des praticiens. Ce motif est-il suffisant pour demander la suppression des écoles de droit et de médecine? Citons un autre exemple: l'école polytechnique, cette institution si belle, si admirable, si justement appréciée du monde entier, les élèves qui viennent de suivre ses cours, en sortent-ils autrement qu'avec des idées théoriques? sont-ils marins, géographes, ingénieurs en quittant les bancs? faudra-t-il pétitionner pour demander sa suppression?

La création des Facultés d'agriculture n'est que la bien légitime conséquence de leur haute utilité; car si vous reconnaissez que l'agriculture est la première, la plus noble et la plus importante de toutes les sciences, pouvez-vous sans l'injustice la plus criante ne pas la traiter au moins à l'égal des autres? Toute la réhabilitation de l'agriculture est dans l'exécution de cette mesure. Il n'est pas d'esprit sensé qui ne fût disposé à l'applaudir et à en témoigner au gouvernement sa plus vive gratitude. Dans ces Facultés viendront s'y presser des étudiants d'autant plus nombreux, que pour entrer désormais dans certaines administrations, il faudrait y avoir conquis des brevets d'aptitude indispensables. Dans ces établissements, vous verriez la science agricole, éclairée du flambeau de toutes les autres sciences, cultivée par les hommes les plus habiles, marcher rapidement dans la voie si longtemps attendue et si éloignée du progrès. Les miracles scientifiques qui se sont opérés depuis la création des Facultés des sciences, vous les verriez se reproduire pour l'agriculture. Les travaux les plus éminents des leçons les plus habiles, feraient surgir avant peu une foule d'hommes spéciaux, qui embrasseraient à leur tour cette science avec passion, en aggrandiraient le domaine et la propageraient devant de nombreux élèves, qui iraient la populariser et en faire les fécondes applications sur tous les points du royaume.

S'il faut en croire les bruits qui ont circulé dans quelques journaux, on ne serait point éloigné de créer aujourd'hui dans chaque Faculté des sciences, une chaire d'agriculture; mais à quel résultat important arriverions-nous? Quand je vois traiter l'agriculture avec une si injuste parcimonie, il me semble que j'ai sous les yeux des fils ingrats et dénaturés qui plaignent à la plus généreuse des mères le plus petit morceau de pain pour la nourrir. Supposons, du reste, les Facultés de médecine abolies et remplacées dans chaque Faculté des sciences par une chaire de pathologie et de thérapeutique, et vous aurez une idée, par ce que deviendrait l'enseignement médical, de la valeur que prendrait aussi l'enseignement agricole.

Pour développer parmi les élèves des colléges et des lycées le goût de l'agriculture; pour détruire dans l'esprit de la jeunesse les préjugés qui en éloignent; pour faire entrer dans l'enseignement universitaire les éléments des connaissances agricoles; pour ramener en un mot vers la culture du sol la part d'intelligences qui doit lui revenir dans un gouvernement sagement administré; je voudrais qu'on commençât par créer à l'école normale de Paris, un cours spécial d'agriculture pour les jeunes gens qui se destinent au professorat, et que dans l'aggrégation pour les colléges et les lycées, il y eût parmi les bacheliers en agriculture un concours annuel pour cette nouvelle section de l'enseignement universitaire. Je voudrais qu'il y eût pour chaque collége ou lycée un professeur spécial chargé de donner aux jeunes gens des notions théoriques d'agriculture avant leur sortie de ces établissements. Sans affaiblir leurs études actuelles, et en conservant toute la hauteur de leur niveau ne serait-il par facile de mettre entre leurs mains des ouvrages qui leur inspirassent le goût de l'agriculture, qui les familiarisassent avec la vie des grands hommes qui l'ont illustrée, et qui en la pratiquant, ont rendu les plus grands services à leurs concitoyens? Serait-il bien difficile de conduire quelquefois les élèves dans un enclos d'un hectare environ, le plus près possible de l'établissement, dont il deviendrait une dépendance. Dans cet enclos ou jardin, on donnerait à la jeunesse des leçons de botanique agricole, on lui ferait faire connaissance avec les plantes les plus utiles aux cultivateurs, on lui expliquerait la théorie des assolements, on lui ferait voir quelques-uns de nos instruments d'agriculture les plus perfectionnés. Ne pourrait-on pas dans un coin de cette dépendance, y établir artificiellement et par compartiments séparés, les diverses variétés de terrains qui composent le sol, avec quelques-unes des principales plantes qui s'y développent de préférence. Ne pourrait-on pas habituer les élèves à l'analyse des terres, leur donner la théorie des amendements, celle de la formation et de la conservation des engrais, leur donner aussi des principes de comptabilité agricole, leur faire connaître au moins sur des figures les principales races d'animaux domestiques à élever pour l'agriculture, et les instruments qui ont atteint la plus grande perfection.

Ces différentes études seraient un véritable délassement au milieu des autres par la variété qu'elles entraineraient ; elles ne leur nuiraient en rien ; la plupart même pourraient se faire pendant les loisirs des promenades ou des récréations.

En attendant que l'organisation des facultés d'agriculture eût pu fournir une assez grande quantité de professeurs pour les besoins des lycées et des colléges, les professeurs de physique et de botanique pourraient ajouter à leur tâche les démonstrations agricoles. Peut-être même ne serait-il pas mauvais que plusieurs professeurs des classes en fussent alternativement chargés ; en s'occupant d'agriculture, en entrenant leurs élèves de cette science, ils apprendraient à se dépouiller eux-mêmes du préjugé qui les en éloigne, et qu'ils inculquent malgré eux à leurs disciples. Ils prendraient tous les jours plus de goût pour l'étude de cette science à proportion qu'ils apprendraient à connaître les trésors qu'elle renferme et les plaisirs qu'elle procure. Les élèves partageraient bientôt les mêmes sentiments. Pour déraciner le dédain, le mauvais vouloir, le préjugé de l'élève, vous commenceriez par en dépouiller le maître.

Rien de plus facile du reste que d'arriver très prochainement aux résultats que je propose pour l'enseignement de quelques éléments d'agriculture dans les colléges et les lycées. Que M. le ministre de l'instruction publique fasse inscrire sur le programme des questions pour le Baccalaureat-ès-lettres, celles qui se rattachent à l'agriculture et qu'on peut sans exigence raisonnablement demander aux candidats, qu'on impose aux examinateurs l'obligation de se montrer sévères sur ce point, et bientôt vous verrez que tous les proviseurs et les principaux des colléges seront en mesure de répondre aux nouvelles exigences de l'enseignement universitaire.

J'entends déjà plusieurs professeurs se révolter contre l'introduction de l'enseignement agricole au milieu de leurs études; ils disent peut-être même à voix basse qu'on veut les faire déroger, ils objectent que demander des connaissances d'agriculture pour le Baccalaureat-ès-lettres, c'est vouloir un véritable contre-sens. Mais quand vous demandez aux candidats pour obtenir ce grade des principes de géométrie, de physique, etc..., quoique vous ayez des facultés spéciales pour ces sciences, agissez vous autrement? Que l'université sache séparer la science agricole de l'ignorance du cultivateur; et en faisant tomber le rideau de déconsidération et de mépris, dont sans s'en douter elle couvrait oublieusement l'agriculture, elle verra s'évanouir bientôt de vaines clameurs et son auréole si brillante se décorer d'un nouveau fleuron et répandre un éclat plus bienfaisant et plus radieux.

Ces leçons d'agriculture que vous aurez professées dans le collége, le goût de cette science que vous aurez pris soin de développer chez l'élève, le tableau des services qu'elle peut rendre à la société, que vous aurez déroulé devant lui, jetteront avec le temps de profondes racines. Celui que vous aurez ainsi instruit, appelé plus tard à la tête de la direction de ses propriétés, sentira le besoin de se livrer à des études de plus en plus approfondies, qui tourneront toutes vers la pratique. Il n'attendra plus exclusivement des professions dites libérales, la fortune et la considération sociales : il laissera pour d'autres le rôle de solliciteur de places et de suppliant; il demandera à l'agriculture une part de gloire et de prospérité qu'elle ne refuse jamais à de généreux efforts, et qui rejaillit si puissamment sur les destinées et la grandeur nationale du pays.

Ce que nous venons de dire pour le collége et le lycée, nous allons en faire la même application à l'école communale, où l'enseignement, selon nous, doit être plus particulièrement encore dirigé vers l'agriculture, car il s'adresse à la masse de ceux qui doivent devenir cultivateurs.

Pour procéder méthodiquement, c'est par les écoles normales primaires des départements que doit commencer la réforme, en y faisant entrer l'enseignement agricole comme élément essentiel de leur mission. Aussi à chaque établissement devrait être attaché un professeur spécial, qui donnât aux jeunes gens, qui se destinent à devenir instituteurs primaires, des notions d'agriculture, en rapport avec celles qu'il serait convenable de leur faire enseigner aux élèves des écoles communales.

Je voudrais donc que désormais, dans le programme des questions pour admettre les instituteurs au degré d'aptitude, on joignît l'enseignement agricole, et qu'on se montrât plus particulièrement sévère sur ce point. Quant aux instituteurs actuellement existants, ne pourrait-on pas les contraindre à venir pendant les vacances se pourvoir de notions d'agriculture dans les écoles normales primaires, à se procurer de bons ouvrages élémentaires, et à se mettre à même de répondre d'une manière convenable aux prescriptions de l'université.

Mais pour que l'action de l'instituteur primaire fût efficace dans la nouvelle branche d'enseignement qu'on lui imposerait l'obligation de professer, il faudrait de la part des inspecteurs et sous-inspecteurs des écoles une surveillance particulière et des connaissances toutes spéciales. Aussi deviendrait-il nécessaire d'appeler toute leur sollicitude et toutes leurs études sur cette branche de nos connaissances, de stimuler leur zèle par des encouragements, de ne leur donner d'avancement qu'autant qu'ils auraient le mieux fait sous ce rapport, et d'exiger pour les nouvelles places des brevets de capacité et d'instruction agricole.

Ma prétention n'est pas cependant de faire exclusivement des écoles primaires, des écoles spéciales d'agriculture. Tout ce que je demande c'est qu'en enseignant aux élèves les matières portées sur le programme actuel de leurs études, on y joigne des notions d'agriculture mises à leur portée ; ce que je veux avant tout, c'est qu'on leur inspire le goût de cet art si nécessaire ; qu'on leur fasse connaître toute sa dignité et toute son importance ; qu'on les attache au sol par des conseils utiles et une prudente direction.

M. le ministre de l'instruction publique demandait, il n'y a pas longtemps, aux chambres une augmentation de crédit, pour améliorer la position des instituteurs communaux. Je préférerais à la place de cette augmentation, qu'on annexât à chaque école un jardin de soixante ares environ, dont le revenu serait abandonné à l'instituteur. Ce jardin deviendrait une petite école d'agriculture par commune. L'instituteur serait astreint sous la surveillance rigoureuse des inspecteurs des écoles et des conseils d'instruction primaire, de le cultiver ou de le faire cultiver avec le plus grand soin, et par les méthodes les plus économiques et les plus avantageuses. La distribution méthodique des cultures de ce jardin serait faite sur un plan à peu près analogue à celui que nous avons proposé pour les colléges et les lycées. L'instituteur y conduirait de temps en temps ses élèves pour y faire l'application pratique des principes élémentaires les plus essentiels de l'enseignement agricole qu'il aurait développés en théorie. Quant à l'achat de ce jardin, pour chaque école primaire, la charge deviendrait bien légère pour les communes en venant au secours des plus nécessiteuses et en donnant aux autres des délais suffisants pour se libérer. D'ailleurs ne sait-on pas que dans presque toutes les communes de France, il y a une grande quantité de terrains communaux vagues et incultes, qui pourraient servir pour cet usage et dont la vente payerait bien amplement les nouvelles acquisitions.

L'élève au sortir de son école aurait reçu des principes de comptabilité agricole, il connaîtrait les différentes variétés de sol et de sous-sol, la théorie des amendements et des assolements. Il saurait quelles sont les variétés de plantes les plus utiles. Il aurait appris à connaître au moins sur des gravures les races d'animaux domestiques les plus utiles à l'agriculture, les instruments les plus perfectionnés, en attendant qu'ils fussent plus répandus dans les campagnes et qu'il pût en faire une étude plus complète et plus directe.

Dans mon plan d'enseignement de l'agriculture professée dans les écoles communales, le rôle des inspecteurs des écoles primaires deviendrait des plus importants au point de vue du progrès agricole, car ils seraient les propagateurs des principes les plus parfaits d'agriculture, des méthodes les plus avantageuses des perfectionnements les plus récents. Ils imposeraient aux instituteurs le soin de les répandre dans leurs écoles, d'en faire l'application dans leur jardin, de les populariser dans leur commune. Mais pour que l'action des inspecteurs de l'instruction primaire fut réellement efficace, il faudrait de la part du gouvernement la surveillance la plus active sur leur savoir agricole et les obliger de temps en temps dans les intervalles de leurs tournées à aller se retremper dans les facultés d'agriculture de leur circonscription, ou dans les instituts agricoles.

Pour compléter ce que nous venons d'exposer relativement à l'enseignement universitaire de l'agriculture, il conviendrait de créer des inspecteurs généraux des études agricoles, qui étendraient au nom de l'Université la surveillance la plus active sur les facultés d'agriculture, sur l'enseignement de cette science dans les ressorts académiques, dans les colléges et les lycées, les écoles normales, et sur les inspecteurs des écoles primaires. Quatre inspecteurs généraux, un par faculté, suffiraient, je crois, pour les besoins du moment.

Un directeur et cinq ou six employés, attachés au ministère de l'instruction publique, compléteraient le personnel de cette branche si importante et cependant si oubliée d'enseignement.

Dans ce système d'instruction agricole tout se lie, tout s'enchaîne parfaitement. Vous vouliez réhabiliter l'agriculture, lui donner cette considération et cet éclat qui lui manquent, vous commenciez par l'élever au rang des autres sciences, par la placer sur le même pied que les facultés les plus renommées. Vous manquiez de professeurs pour l'agriculture, vous ne possédiez aucune pépinière où ils pussent se former ; dans ce projet d'organisation, vous n'auriez plus rien à désirer bientôt sous ce double rapport. Vous vouliez conserver aux travaux des champs la part de bras qui lui revient et qu'un mauvais système d'instruction primaire lui arrache en si grand nombre sur les bancs de l'école communale, vous y parveniez en éclairant la jeunesse des campagnes sur les avantages de l'agriculture et sur les dangers auxquels elle s'expose en l'abandonnant, en lui inspirant de bonne heure le goût de cet art si utile, en lui faisant connaître l'estime qu'il mérite et la considération dont on va plus particulièrement encore l'entourer. Vous vouliez enfin reconquérir pour l'agriculture dans les classes du collége et du lycée la part d'intelligence qu'ils lui enlèvent exclusivement, vous arriviez à votre but en apprenant de bonne heure aux élèves à se dépouiller du préjugé qui les sépare d'elle, en stimulant leur goût et leur émulation pour cette science, en ouvrant devant eux des carrières nouvelles de places et d'honneurs, d'utilité et de fortune, de haute moralisation et de liberté.

Mais cet enseignement agricole, presque exclusivement théorique, départi par l'Université, serait bien incomplet sans écoles pratiques d'application. Ici commencerait le rôle de M. le ministre de l'agriculture.

Le Congrès agricole du centre de la France demandait l'année dernière la création d'un certain nombre d'*instituts pratiques d'agriculture* d'un degré supérieur et d'une *ferme-école* par département. C'est aussi l'organisation que j'adopterais.

J'établirais quatre instituts pratiques d'agriculture, un par chaque arrondissement de faculté agricole. Ils seraient exclusivement à la charge de l'état qui les ferait administrer par des directeurs. Chacun de ces établissements, situé au sein d'une exploitation très-étendue, et appropriée à ses besoins, devrait posséder un local assez vaste pour recevoir de cinquante à cent élèves, gradués dans les facultés d'agriculture. L'enseignement qu'on leur donnerait serait essentiellement pratique. Ces instituts offriraient des écoles stagiaires pour le complément des études agricoles. Ils seraient plus spécialement réservés pour les fils des grands propriétaires, des grands industriels agricoles, pour former une classe d'ingénieurs ruraux. Les jeunes gens en entrant dans ces instituts paieraient une rétribution annuelle. Un certain nombre de places gratuites y seraient réservées pour ceux qui dans les facultés d'agriculture auraient montré le plus de capacité. La durée des études serait de deux ans. Les cours faits par cinq ou six professeurs comprendraient toutes les applications les plus élevées de la science agricole. J'aurais dans ces instituts, sur une grande échelle, une fabrique d'instruments d'agriculture perfectionnés, des pépinières modèles, des dépôts des plantes ou des graines les plus belles et les plus utiles; j'aurais, pour en multiplier et améliorer les espèces, une collection des plus belles races d'animaux utiles à l'agriculture. Chacun de ces produits de toute espèce deviendraient, si je puis m'exprimer ainsi, des *produits étalons* pour toutes les fermes-écoles, et pour les propriétaires qui voudraient, en les achetant, les prendre avec confiance et sécurité. Ils seraient une ressource précieuse pour l'Etat dans les travaux de colonisation qu'il voudrait entreprendre. En formant les jeunes gens à l'application des meilleures méthodes d'exploitation de la propriété territoriale, on leur enseignerait l'art des irrigations, des endiguements des rivières, du reboisement des forêts, des desséchements des marais, de la mise en culture des landes, des terrains incultes, des dunes, des vastes champs de sable ou de marécages abandonnés par la mer, etc. On leur apprendrait, en un mot, tout ce qu'il importe de connaître à une classe très habile d'ingénieurs ruraux.

Chaque année il serait délivré au concours un certain nombre de brevets d'ingénieurs ruraux à ceux qui se seraient le plus distingués dans leurs études et dans des épreuves spéciales. Le gouvernement se chargerait ensuite du placement de ces ingénieurs dans les domaines de l'Etat, pour les travaux de colonisation qu'il entreprendrait, etc., etc., pour les besoins généraux de l'agriculture.

Dans chacune des *fermes-écoles* des départements, je prendrais tous les ans pour ces instituts l'élève le plus instruit, le plus probe et le plus laborieux. Il y entrerait sans rétribution. On utiliserait ces jeunes gens pour en faire des contre-maîtres des diverses exploitations de ces établissements agricoles. Ils ne pourraient y rester plus de deux ans. On les exempterait de la conscription militaire pour mieux stimuler leurs efforts. L'instruction pratique que cette seconde classe d'élèves puiserait dans ces instituts les rendraient éminemment propres à être préposés ensuite à l'administration des grandes propriétés. Les ingénieurs ruraux trouveraient en eux, pour les travaux qu'ils auraient à entreprendre, d'excellents auxiliaires, des conducteurs et des piqueurs éprouvés.

Il me semble que des instituts agricoles, tels que nous les proposons, seraient bien autrement utiles que les trois établissements de Grignon, de Grand-Jouan et de la Saulsaye. Il me semble qu'administrés par des directeurs habiles, à qui, indépendamment d'un traitement fixe, on abandonnerait une part dans le revenu, ils deviendraient une charge bien peu onéreuse pour l'État, car la rétribution des élèves payants, le produit des pépinières, des fabriques d'instruments, des magasins, des bergeries et vacheries, et des récoltes de l'exploitation, couvrirait bientôt la plus grande partie des frais.

Voilà pour les instituts ; parlons maintenant des *fermes-écoles*. J'en instituerais une par département. C'est là où les moyens propriétaires et les gros fermiers pourraient envoyer leurs fils. Ces fermes-écoles auraient plus particulièrement pour but de former pour l'agriculture des régisseurs habiles, des contre-maîtres expérimentés. Elles seraient placées au milieu d'une exploitation assez vaste pour répondre à tous les besoins de l'enseignement pratique, et pourvues d'un local assez grand pour contenir au moins cinquante élèves. Elles offriraient sur une échelle plus restreinte la disposition plus en petit des instituts agricoles avec des pépinières-modèles, des fabriques d'instruments perfectionnés, des dépôts de graines et de plantes, des réunions des plus belles races d'animaux, etc., etc. L'enseignement tout à fait pratique, départi par deux ou trois professeurs, ne dépasserait pas la hauteur qu'on voudrait atteindre, et serait circonscrit dans la limite des besoins de ceux à qui il est destiné. Si le gouvernement voulait prendre à sa charge ces fermes-écoles, il les ferait administrer par des directeurs-professeurs, et en retirerait tous les produits, qui bientôt indemniseraient de la plus grande partie des dépenses. Dans le cas contraire, on laisserait à des particuliers l'administration exclusive de ces établissements. L'Etat et les départements, en fournissant des subventions annuelles, imposeraient les conditions d'après lesquelles, l'enseignement agricole devrait être professé, et se réserveraient un certain nombre de places gratuites. Pour ces places, je prendrais, par exemple, par arrondissement, trois ou quatre des meilleurs élèves des écoles primaires; leur travail tiendrait lieu de toute espèce de rétribution. Pour les autres élèves, je tiendrais au plus bas possible le prix de la pension, en faisant entrer en déduction la valeur des travaux qu'ils pourraient faire dans l'exploitation de la ferme.

Au bout de deux ans les élèves sortiraient de l'établissement pour faire place à d'autres. On délivrerait des brevets de capacité à ceux qui auraient subi avec le plus de distinction des épreuves convenables.

Ces brevets, en attendant quelque chose de mieux, seraient exigés pour les jeunee gens qui voudraient entrer dans les écoles vétérinaires. On les exigerait aussi pour entrer dans les emplois secondaires des diverses administrations publiques qui ont pour but la production et les progrès agricoles.

L'enseignement pratique de l'agriculture dans les instituts et les fermes écoles, aurait lieu plus spécialement sous la surveillance des inspecteurs généraux de l'agriculture qui existent maintenant.

On cherchera vainement, dans ce qui précède, la part d'enseignement pratique que nous faisons à la masse des travailleurs de la propriété. Leur donnerons-nous une école d'agriculture pratique par commune? mais la chose est impraticable vu le chiffre énorme de la dépense, multiplié par nos quarante mille municipalités. Que pouvons-nous faire pour eux? leur donner dans l'école primaire les principes qu'on peut raisonnablement y professer, leur prêcher par l'exemple qui de proche en proche arrivera jusqu'à eux, lorsque les instituts et les fermes-écoles auront formé un assez grand nombre de sujets. On chercherait en vain quelque chose de mieux.

Pendant que les facultés d'agriculture relèveraient la science agricole, agrandiraient le domaine de ses applications et feraient rejaillir sur elle la large part de considération qui lui revient, les instituts et les fermes-écoles régénéreraient complétement la pratique agricole, par la réforme des méthodes d'exploitation, par la réforme des races et des produits. Qui ne prévoit le résultat immense qu'une pareille mesure assureraient à notre production?

Tel est notre système d'enseignement agricole, au point de vue théorique et pratique. Pour le compléter, nous voudrions que dans chaque chef-lieu de département, le professeur d'agriculture du collége ou du lycée, qui pourrait en même temps aussi professer la même spécialité dans l'école normale primaire, fit un cours public d'économie agricole moyennant un supplément de traitement qui lui serait fourni par les villes ou les départements. Nous voudrions qu'on donnât plus d'extension aux pénitenciers agricoles, et qu'on fit, des dépôts d'orphelins et d'enfants abandonnés, des établissements d'exploitation rurale. Nous voudrions que dans les séminaires on donnât aux élèves des notions d'agriculture. MM. les ecclésiastiques qui portent si loin le dévoûment et les lumières, ne voudraient pas être les derniers à s'associer au mouvement de moralisation, de prospérité et de grandeur, que l'agriculture, aidée de leurs conseils, de leurs exemples et de leur influence si puissante, doit nécessairement communiquer à notre pays.

Ne pourrait-on pas dans l'éducation des femmes leur inspirer, pour l'agriculture, autre chose que du dédain et du mépris. Personne n'ignore la répulsion qu'elles éprouvent lorsqu'elles ont reçu un certain degré d'instruction à prendre pour maris des hommes qui ont le goût de l'agriculture, et à venir habiter les champs. Si l'histoire de tous les peuples nous démontre combien est puissante l'influence de la femme sur les réformes qu'on a tenté d'introduire, on comprendra combien il est urgent de donner à leur instruction une direction conforme au besoin si pressant de notre époque. Il y a dans le cœur des femmes un fond inépuisable de délicatesse et de sensibilité, de dévoûment et de grandeur, qu'on doit chercher à exploiter au profit de l'agriculture, en leur apprenant dès leur plus tendre enfance, tous les triomphes qui se préparent pour elles dans une carrière où elles peuvent tarir bien des larmes, faire éclore les plus belles fleurs, et devenir les plus sures dépositaires de nos fortunes, de notre considération, de notre bien-être et de nos plaisirs.

Les hommes qui ne comprennent pas la détresse de notre agriculture, ne manqueront pas d'objecter que l'adoption du plan d'enseignement agricole que je propose, aurait pour résultat d'arracher aux arts libéraux, à l'industrie et à toutes les professions utiles une foule de sujets qui leur seraient enlevés dans une disproportion ruineuse, ce qui deviendrait très-préjudiciable à d'autres besoins de la société. Pour dissiper de semblables craintes, il y a je crois une réponse péremptoire dans les préjugés si forts et si enracinés dont l'agriculture a été de tout temps la victime ; je la trouve sans réplique dans les haillons dont on la couvre, dans les humiliations dont on l'abreuve, dans la considération qui lui manque, dans la fortune qu'on lui refuse, dans les corvées les plus rudes sous lesquelles on la représente toujours écrasée.

En développant mon système d'enseignement agricole, j'ai dû naturellement chercher si, au point de vue financier, il était d'une exécution facile ; s'il ne deviendrait pas une charge nouvelle pour l'agriculture, un fardeau trop lourd pour l'Etat.

Reprenons sommairement la distribution et le personnel de notre enseignement agricole, et voyons où arriverait le chiffre de la dépense, en prenant autant que possible sur le budget, pour point de comparaison, les traitements des autres corps enseignants et leurs frais administratifs.

§ A. *Dépenses à faire par l'Etat pour l'Enseignement agricole universitaire.*

1° Un directeur et cinq employés au ministère de l'Instruction publique, deux surnuméraires	25,000 fr.
2° Deux membres du Conseil royal de l'Instruction publique, représentant l'ordre de l'agriculture, à dix mille francs chaque	20,000
3° Quatre inspecteurs généraux de l'Enseignement agricole à huit mille francs chaque	32,000
	77,000 fr.

Report.	77,000 fr.
4° Pour les traitements de quarante professeurs attachés aux quatre Facultés d'agriculture, à cinq mille francs chaque	200,000
5° Pour frais annuels de loyer des locaux des quatre Facultés d'agriculture, à quinze mille fr. chaque	60,000
6° Pour le matériel ou frais annuels d'administration de chaque Faculté, à vingt mille francs chaque	80,000
7° Pour un professeur, ou l'aggrégation à l'école normale de Paris	20,000
8° Quarante-sept places de professeurs d'agriculture dans les colléges royaux, à deux mille fr. chaque	94,000
9° Loyer annuel de quarante-sept emplacements de jardins-écoles, à cinq cents francs chaque	23,500
10° Fonds de subvention pour l'enseignement dans les colléges communaux ou les écoles normales primaires	100,000
Fonds de subvention pour les besoins de l'enseignement agricole dans les écoles primaires	200.000
TOTAL des dépenses de la section A	854,500

§ B. *Dépenses de l'État pour l'Enseignement pratique agricole.*

1° Quatre Instituts : loyer des emplacements à vingt-cinq mille francs chaque	100,000 fr.
2° Matériel et frais annuels d'administration des Instituts, à vingt-cinq mille francs chaque	100,000
3° Bourses pour les Instituts ou Fermes-Écoles	100,000
4° Subvention aux départements pour quatre-vingt-six Fermes-Écoles, à cinq mille fr. chaque	430,000
TOTAL des dépenses de la section B	730,000

TOTAL général pour les dépenses de l'enseignement théorique et pratique de l'agriculture : *un million cinq cent quatre-vingt-quatre mille cinq cents francs*, que l'État aurait à débourser annuellement. Et cependant il serait juste de faire entrer en déduction du chiffre de cette dépense, celles qui figurent aujourd'hui sur le budget du ministère de l'agriculture et du commerce et qui se trouveraient avoir un double emploi; d'en déduire également les nouveaux produits universitaires; les frais de loyer des locaux des Facultés d'agriculture qui pourraient être fournis par les villes; les revenus de toute espèce qui pourraient être obtenus dans les Instituts agricoles; les économies ou réductions qui pourraient être faites sur les écoles forestières, les écoles des haras, les bergeries et vacheries royales, etc., dont une partie rentrerait dans l'administration des Instituts agricoles, où elle trouverait plus naturellement sa place.

La dépense à la charge des départements serait peu considérable, car elle se bornerait à quatre ou cinq mille francs par an de subvention pour les Fermes-Écoles, et à deux mille francs environ pour les écoles normales primaires.

Dans les communes, la dépense qui les concernerait pour les besoins de l'instruction agricole primaire, serait nulle pour celles qui auraient des terrains pour les jardins-écoles. Elle serait bien minime pour les autres, car avec moins de cent francs, on paierait annuellement le loyer des emplacements nécessaires pour les établir; et le gouvernement pourrait venir au secours des plus nécessiteuses.

Ainsi avec un chiffre bien inférieur à celui de deux millions, il serait facile à une administration sage et prévoyante de donner à l'instruction agricole en France l'impulsion la plus grande, la plus utile qu'elle ait jamais reçu chez aucun peuple, et d'assurer à notre agriculture un degré de suprématie et de prospérité inoui dans l'histoire des nations. Cette dépense bien entendue, loin d'être onéreuse pour l'Etat, deviendrait pour lui une source de richesse; car l'agriculture étant mieux comprise et mieux pratiquée, qui peut assigner la limite de progression de nos produits, et le chiffre énorme des prélèvements de toute espèce qui sous toutes les formes reviendraient dans les caisses du trésor public. De combien d'économies cette dépense ne pourrait-elle pas aussi devenir le principe, en prévenant les calamités des années disetteuses et les sacrifices de tout genre que le gouvernement, dans des circonstances malheureuses comme celles où nous sommes maintenant, est obligé de faire pour assurer du travail et du pain aux populations et calmer leurs justes inquiétudes.

Sur un budget comme le nôtre de 1,458,723,253 francs, que paraîtra en définitive la dépense que nous proposons pour la création de notre vaste réseau d'enseignement agricole. Sans imposer de nouvelles charges aux contribuables, il serait facile de la retrouver sur des articles d'une utilité secondaire; et pour ne citer qu'un exemple de la prendre en déduisant d'autant sur le chiffre de quatre millions alloués annuellement pour encourager la pêche de la morue et de la sardine. Notre marine loin de perdre à cette mesure y gagnerait, car rien ne favorisa jamais plus puissamment la marine des peuples que la surabondance des produits agricoles, et le besoin de leur trouver des débouchés pour les échanges du commerce ou les ressources de l'industrie.

Plus je réfléchis sur les avantages d'un bon système d'enseignement agricole, plus je suis porté à recommander de faire l'essai du mien; car il me paraît répondre à tous les besoins, et il a pour lui l'expérience de toutes les autres branches d'enseignement. Quel que soit du reste le plan qu'on adopte, il faudra nécessairement des épreuves et des tatonements avant d'atteindre la perfection. Ce qu'il y aurait de pire ce serait de n'en adopter aucun. Je prendrais volontiers le plus mauvais plutôt que de rester comme nous sommes; car avec le temps on aurait l'espoir de le réformer. L'agriculture occupe une place trop utile et trop essentielle dans l'état pour ne pas lui ouvrir des écoles. Il y aurait de la part du gouvernement l'injustice la plus criante et l'imprévoyance la plus grande à ne pas s'en occuper d'une manière active et efficace. N'attendons pas de nouvelles années de famine pour en sentir plus vivement la nécessité? Jamais peut-être le gouvernement ne se trouva dans une position plus favorable pour accomplir une semblable réforme; car à l'immense majorité dont il dispose dans les chambres, se joint l'actualité du moment. Cherchons désormais ailleurs, que dans une augmentation très onéreuses de l'effectif de la gendarmerie, ou de nouveaux déploiements de troupes, la tranquillité de nos marchés, ou la liberté de notre commerce intérieur; demandons-les à une institution prévoyante qui en augmentant la quantité de nos produits agricoles et notre bien-être, ajoutera à notre sécurité. C'est vers ce but que doivent naturellement se tourner les sentiments philantropiques et les efforts généreux des hommes qui comprennent notre position présente, et qui ont les yeux fixés sur l'avenir.

Les derniers recensements de la population de la France en démontrant combien est considérable l'émigration des campagnes et l'accroissement des villes, nous ont donné la mesure de la hauteur des barrières que nous avons à élever. La chose est d'autant plus urgente que la centralisation dans les cités devient chaque jour proportionnée à la vitesse et au nombre toujours croissant des locomotives qui sillonnent nos chemins de fer.

Un bon système d'enseignement agricole, en fermant toutes les issues qui éloignent de l'agriculture dans une disproportion si fâcheuse, ouvrirait toutes celles qui peuvent y conduire. Il serait pour la jeunesse un poteau providentiel placé sous ses yeux pour la garantir de plus d'un écueil, une planche de salut pour la sauver de plus d'un naufrage.

Au milieu de toutes les mesures qui ont été prises pour assurer au pays les bienfaits d'une politique nationale et conservatrice, la plus essentielle, selon moi, a été oubliée. Ce n'est plus aujourd'hui dans le cercle usé des récriminations contradictoires des partis, que l'opposition peut retrouver sa puissance; elle est toute dans l'agriculture, dans le tableau de ses besoins, dans l'éloquence de ses souffrances. S'il est vrai, que les neuf dixièmes des voix, dans l'élection, appartiennent aux propriétaires ruraux; ne prévoyez-vous pas toute l'influence que le drapeau de l'agriculture, promené dans chaque collége électoral, par des hommes de cœur et de conviction, est susceptible de conquérir. Ne serait-il pas prudent de la part du gouvernement, en donnant par un bon système d'instruction, une juste satisfaction aux intérêts agricoles, de conserver en main une puissance si précieuse à son action.

Dans un siècle essentiellement réformateur comme le nôtre, la réforme de l'enseignement agricole porterait bientôt tous ses fruits. L'agriculture plus largement représentée dans les pouvoirs de l'État y apporterait sa juste part de prépondérance. Pour elle il se formerait bientôt un ministère spécial de l'agriculture, qui lui imprimerait la plus salutaire direction ; pour elle on détacherait annuellement quelques millions du ministère des travaux publics, afin de mettre en culture sous une administration d'ingénieurs ruraux nos 8,000,115 hectares de terre incultes ou de marais ; pour elle on créerait des caisses si nécessaires de crédit agricole ; pour elle on organiserait des chambres consultatives d'agriculture par département ; pour elle on donnerait aux sociétés agricoles une impulsion vraiment efficace ; pour elle enfin on réserverait une part proportionnelle dans la distribution des récompenses honorifiques.

Alors le mouvement qui s'opèrera dans les esprits ramènera vers l'agriculture enseignée et encouragée, cette surabondance de bras que les chantiers et les ateliers d'ouvriers ne peuvent plus contenir, ce trop plein d'intelligences qui assiége les portes de toutes les professions libérales et en rend l'entrée si difficile, cette nuée de solliciteurs et d'exigences qui obscurcissent les avenues de tous les ministères et faussent ou corrompent la dignité du gouvernement représentatif ; alors le flambeau de la science et de l'économie agricole nous éclairera sur nos véritables besoins ; alors l'action si salutaire des comices ne sera plus annihilée par le défaut complet d'instruction des membres qui les composent ; alors nous cesserons d'être tributaires de l'étranger ; alors la fortune de la France sera doublée et avec elle la sécurité publique et le bien-être matériel et moral qui marchent toujours à sa suite.

La France, qui étonna si longtemps le monde par l'éclat et le prodige de ses victoires, ne doit se laisser devancer par les autres peuples dans aucun genre de progrès. En donnant à l'univers l'exemple d'un enseignement agricole le plus large et le plus libéral qui ait jamais existé, elle aura conquis un nouveau genre de triomphes, une moisson bien autrement précieuse de lauriers.

De tout temps la postérité a éternisé le souvenir des gouvernements qui ont encouragé l'agriculture ; qu'elle place ne réserverait-elle pas dans l'histoire des bienfaiteurs du genre humain, à celui qui en fondant la science agricole, en créant son enseignement, en organisant l'administration de l'agriculture, et en développant tous les éléments de puissance de la production territoriale, aurait élevé, à la gloire et à la prospérité du pays, le monument le plus beau et le plus utile qui sortit jamais des mains de l'humanité.

Le cultivateur et la considération publique. — L'agriculture et ses lourdes charges, p. 23.

Encouragements à l'agriculture et nobles paroles du duc de Nemours. — Le conseil royal de l'agriculture et des manufactures et l'enseignement agricole, p. 26.

SECONDE PARTIE.

Deux ordres d'enseignement agricole, p. 27.

Enseignement agricole universitaire. — Représentation de l'agriculture au Conseil Royal de l'instruction publique. — Création de facultés d'agriculture. — Leur organisation.—Chaires, p. 29.

Inscriptions. — Diplômes. — Musées agricoles. — Conditions de capacité agricole pour entrer désormais dans certains emplois publics administratifs, p. 31.

Réhabilitation de l'agriculture par les facultés. — Leurs avantages et leur avenir, p. 33.

Enseignement agricole dans le collége. — Jardins-Ecoles, p. 34 et 35.

Connaissances agricoles pour le baccalauréat. — Utilité, p. 36.

Enseignement agricole dans les écoles normales primaires et les écoles communales, p. 37 et 38.

Role immense des inspecteurs des écoles primaires. — Résultats futurs de l'enseignement agricole universitaire, p. 39.

Ecoles agricoles d'application. — Quatre instituts pour les hautes applications pratiques, p. 40.

Instruments perfectionnés. — Pépinières-modèles. — Races d'animaux modèles. — Cultures modèles, etc., p. 41.

Ingénieurs ruraux. — Quatre-vingt-six fermes-écoles. — Elèves. — Bourses. — Cours. — Brevets de capacité. — Leur influence sur la culture des départements arrièrés, p. 42 et 43.

Enseignement agricole dans les séminaires. — Education des femmes. — Impulsion nouvelle, p. 44.

Pénitenciers agricoles. — Budget de l'enseignement agricole, p. 45 et 46.

Son peu de dépenses et ses immenses résultats; — Pour la production. — La sécurité — et la moralisation du pays, p. 47, 48 et 49.

Avenir de la France avec un bon système d'enseignement agricole, p. 50.

La postérité et le gouvernement qui aura organisé notre puissance agricole, p. 51.

Imprimerie de l'Agriculture de BURRAU, rue Coquillière, 22.

www.ingramcontent.com/pod-product-compliance
Lightning Source LLC
Chambersburg PA
CBHW072022290326
41934CB00009BA/2162
9782019527198